蔡振禹 主编

郭守敬
纯德实学的典范

知识产权出版社
全国百佳图书出版单位
—北京—

图书在版编目（CIP）数据

郭守敬：纯德实学的典范 / 蔡振禹主编. —北京：知识产权出版社，2025.7. — ISBN 978-7-5130-9802-1

Ⅰ. K826.1

中国国家版本馆CIP数据核字第2025QA4265号

内容提要

本书通过介绍郭守敬的科技成就，展现了他纯德实学典范的形象，并以此为契机，引导读者关注古代科技工作者的精神和品质。

本书立足科普宣传，意在使大众了解古代科技的先进性，进而通过科普教育活动促进科技创新和社会进步。

责任编辑：高　源　　　　　　　责任印制：孙婷婷

郭守敬——纯德实学的典范
GUO SHOUJING——CHUNDE SHIXUE DE DIANFAN
蔡振禹　主编

出版发行：	知识产权出版社 有限责任公司	网　址：	http://www.ipph.cn
电　话：	010-82004826		http://www.laichushu.com
社　址：	北京市海淀区气象路50号院	邮　编：	100081
责编电话：	010-82000860转8701	责编邮箱：	laichushu@cnipr.com
发行电话：	010-82000860转8101	发行传真：	010-82000893
印　刷：	北京建宏印刷有限公司	经　销：	新华书店、各大网上书店及相关专业书店
开　本：	880mm×1230mm　1/32	印　张：	6.625
版　次：	2025年7月第1版	印　次：	2025年7月第1次印刷
字　数：	110千字	定　价：	48.00元
ISBN 978-7-5130-9802-1			

出版权专有　　侵权必究

如有印装质量问题，本社负责调换。

编 委 会

主　　编：蔡振禹

副 主 编：王　伟

编写人员：刘建哲　乔建生　李　竞
　　　　　　刘维杰　原　杰

目 录

第一章 科技巨星的诞生

第一节　中国传统科学技术的发展 / 1
第二节　郭守敬的主要科技成就与贡献 / 25

第二章 郭守敬的求学经历

第一节　元代的历史文化背景 / 37
第二节　少年初志与家学渊源 / 45
第三节　求学紫金山 / 52

第三章 科技实践中体现的科学精神与科学思想

第一节　郭守敬一生简述 / 65
第二节　求真与务实 / 70
第三节　质疑与创新 / 120
第四节　综合思维与科学管理 / 165
第五节　敬业奉献与团队合作 / 170

第四章 郭守敬科技贡献的影响

第一节　郭守敬科技地位的综合评价 / 182

第二节　郭守敬取得的成就对中国古代科技发展的推动 / 196

第三节　郭守敬取得的成就对世界科技发展的影响与贡献 / 198

附录

郭守敬大事记 / 202

第一章 科技巨星的诞生

第一节 中国传统科学技术的发展

一、中国科学技术的萌芽和奠基(远古——春秋战国时期)

在考古学上,根据制造生产工具的原料不同,把人类社会划分为不同的社会形态。在我国历史上,漫长的原始社会处于石器时代,技术发展缓慢。尽管这样,原始社会还是有不少具有重大意义的技术发明。

(一)石器的改进

原始社会时期,人类最主要的工具是石器。旧石器时代早期,人们主要靠采集野生植物或猎取小动物来生活,生产工具十分简陋。石器的制造一般选用天然砾石加以敲击。旧石器时代中期,石器的形制已经比较复杂。以"丁村人"使用的石器作为代表,就有多边砍砸器、大三棱尖状器以及作投掷武器用的石球等。石器的打制技术比早期有显著提高,加工也比较精细。到旧石器时代晚期,在"山顶洞人"的文化遗物中,已经有磨制精致的骨针和磨光的鹿角,还有钻孔的石珠、砾石、牙齿、海蚶壳、鱼骨等。这说明当时已经出现了穿孔和磨光技术。这是具有重大意义的进步。

新石器时代,农业和手工业生产的发展,需要更多种类的工具。作为主要生产工具的石器,大多是经过磨光的,穿孔技术也应用得比较普遍。

(二)火的使用

火的使用是人类技术史上又一项伟大的发明。有了火,人类才能从"茹毛饮血"过渡到享用熟食。食物范围扩大,对人的大脑和体质的发展具有重要意义。我国古书《韩非子·五蠹》里有燧人氏"钻燧取火,以化腥臊"的记载,在《庄子·外物》里还有"木与木相摩则然"的表述。

（三）陶器的发明

陶器的发明，在制造技术上是一项重大的突破。它不仅使人们有了比较好的储存器，也使处理食物的方法从单纯的烧烤发展到在陶器中蒸煮。还出现了陶刀、陶锉和捻线用的工具陶质纺轮，在生产上也发挥了重要作用。

（四）原始农牧业的产生

栽培作物的农业经济是采集经济发展的结果。在我国的古书里，把"神农氏"这位神话人物看作我国最早发明农业和医药的英雄。如《周易·系辞》里说："神农氏作，斫木为耜，揉木为耒，耒耜之制，以教天下。"我国原始农业的耕作技术，不论是南方还是北方，最初大概都经过"火耕"的阶段。各遗址都出土了大量不同类型的农业生产工具：石铲、石锛、石耜和骨耜，这些工具都是用来翻土的。而石锄、蚌锄和有两翼的石耘田器，则用来中耕除草。

（五）蚕丝的利用

我国原始社会后期，已经出现原始的纺织技术。

分布在全国各地的新石器时代遗址，绝大部分都发现有纺轮，即为证明。1926年，考古工作者在山西夏县西阴村一处距今4000多年的遗址里，发掘出被切割过的半个蚕茧和一个石纺轮。这说明我国在原始社会晚期，蚕丝纺织技术已达到了一定的水平。

我国从原始社会过渡到奴隶社会，在生产力发展阶段上是从石器时代过渡到青铜器时代。我国的奴隶制出现在青铜器时代，以青铜器的制造和发展作为生产力发展的主要标志。

青铜冶铸技术有一个由低级到高级、由简单到复杂的发展过程。大体上可以分成五个阶段。

（1）从新石器时代晚期到二里头文化早期（夏代），是开创阶段，使用石质和泥质的单面范、双面范，制作形制简单的小件器物。

（2）从二里头文化晚期到二里岗文化时期（商代早期），是形成阶段。这一阶段已经有锡青铜和铅青铜的区分，冶炼的方法是用铜矿石加锡矿石或铅矿石，也有用含有多种元素的铜矿石冶炼出的青铜。铸造上已经能使用多块范、芯装配而成的复合范，出现重近百公斤的大鼎和早期的器物组合，具有中国特色的陶范熔铸技术已经基本形成。

（3）商代中期到西周早期是青铜冶铸的鼎盛阶段。大型熔铜炉内径达到80厘米，炉温高达1200℃。殷墟铸铜作坊遗址里出土一块青铜，含铜量达到97.2%，说明它是由铜矿石先炼出纯铜作为冶炼青铜的原料，然后再加锡或铅矿一起冶炼；或者先炼出铜，然后加锡或铅或铅锡合金，按比例混合在一起再熔炼。这样得到的青铜成分比较稳定，可以按不同器物的要求改变成分的配比，熔炼的时候比较容易控制。在冶铸方面，已经能够娴熟地使用分铸法等先进技术，制作出大量精美、形制复杂的青铜礼器、生活用具、兵器和车马器等。

（4）西周中期以后，青铜冶铸的规模和分布地区继续扩大，是陶范熔铸技术的延展阶段。

（5）春秋战国时期，是青铜冶铸技术发展的第五个阶段，奴隶制为科学从技术中分化出来创造了条件。进入阶级社会以后，生产力发展促进了社会大规模分工，科学才开始从技术中分化出来。

春秋战国时期，是由奴隶社会向封建社会转变的变革时期。这一转变以铁器的出现，即铁农具、铁工具、铁兵器的出现作为标志。据考古资料不完全统计，1949年后，我国春秋战国时期的铁器在辽宁、河北、山西、陕西、山东、安徽、江苏、浙江、江西、河南、湖北、湖南、广东、广西、四川等地都有出土。种类有：农具、手工业工具、兵器、生活用器和装饰品等，其中生产工具占比最高。

铁器的广泛使用与冶铁业的繁荣、冶铁技术的进步密切相关。春秋之际和战国早期，冶铁技术先后出现了三项重大的突破。

一是生铁冶铸技术的出现。据《左传·昭公二十九年》记载，鲁昭公二十九年（公元前513年），晋国铸造了一个铁质大鼎，把晋国大臣范宣子生前制定的刑书铸在上面，铸刑鼎的铁是作为军赋从民间征集来的。这说明春秋晚期已经出现了民间炼铁作坊，而且已经比较好地掌握了生铁的冶铸技术。近年在江苏六合程桥吴墓出土的铁丸，经鉴定是用白口铸铁制成的。生铁冶铸技术的出现，在冶金史上是划时代的进步。

二是炼钢技术的出现。1976年，在湖南长沙出土了一把春秋晚期的钢剑，经取样分析，它的材料是一种含碳量为5%~6%的中碳钢。从剑身的断面还可以看出反复锻打的层次。炼钢技术的出现为人们提供了比铁更加坚韧、锋利的材料，对于生产工具尤其是兵器质量的提高有深远的影响。

三是铸铁柔化技术的出现。最初生产的铸铁是白口铁，白口铁性脆，容易断裂。人们在不断的实践中，逐渐获得了通过一定的热处理可以改善白口铁性质的深刻认识，又经过一段摸索试验的过程，终于开发出了热处理脱碳技术，也就是铸铁柔化技术。铸铁柔化技术增强了铁的强度和韧性，韧性铸铁的出现，在冶金史上是又一个划时代的事件。

二、中国科学技术体系的形成和提高（秦汉—南北朝时期）

秦汉时期是我国古代科学技术发展史上极其重要的时期。随着封建制度的巩固，我国古代各学科体系的形成和许多生产技术趋于成熟，是这一时期科学技术发展的总特征。它们决定了后世科学技术的发展方向。

我国古代传统的农、医、天、算四大学科，在这时均已形成了自己独特的体系。这个时期，主要在以下三个方面体现了我国当时科技发展的水平。

（一）《九章算术》与数学体系的形成

《九章算术》建立的数学体系，对我国的传统数学产生了巨大的影响。英国生物化学家、科学技术史专家、中国科学院外籍院士李约瑟博士在其专著《中国科学技术史》第三卷中指出："《九章算术》是数学知识的光辉的集成，它支配着中国计算人员一千多年的实践。"由于中国学术传统的保守性，《九章算术》为后世的许多数学精英提供了活动的舞台。他们以对《九章算术》进行注释的方式，不断引入新的数学概念和方法，发表新的研究成果，从而推动中国古代数学不断发展前进。例如，刘徽的《九章算术注》"析理以辞，解体用图"，对《九章算术》中重要的数学概念、方法、公式和定理给出了严格的定义，完成了建立中国传统数学体系的任务。当然，给《九章算术》作注的模式，也束缚了后世数学家的思想，限制了他们的创造能力，对中国古代数学的发展有一定程度的消极影响。

《九章算术》在世界数学史上占有重要地位。它是举世公认的古典数学名著之一，是东方古典数学的代表作。它的许多内容在当时都居于世界领先地位，如分数四则运算、比例算法、负数概念的引入和正负数的加减运算法则等，比印度和欧洲都要早很多年。

（二）医药学体系的充实与提高

《神农本草经》共收载药物365种，其中以植物药最多，共计252种，动物药67种，矿物药46种。根据药物的性能和使用目的的不同，分为上、中、下三品。上品120种，一般说是毒性小或无毒的，大都是"主养命以应天"的补养药物；中品120种，有的有毒，有的无毒，多为有攻治疾病作用并能滋补虚弱的药物；下品125种，多是有毒而专用于攻治疾病的药物。《神农本草经》概括地记述了当时药物学的基本理论。如关于医方中的主药与辅助药之间的"君、臣、佐、使"的理论，阐明了药物配伍的原则；关于"药有酸、咸、甘、苦、辛五味，又有寒、热、温、凉四气"的"四气五味"说；根据药物的性能不同，采用不同的剂型，等等。这些理论反映了当时的药物学已经达到一定的水平。

（三）造纸术和漆器工艺

蔡伦总结了西汉以来造纸的经验，进行了大胆的试验和革新。在原料上，除采用破布、旧渔网等废旧麻类材料外，还采用了树皮，从而开拓了一个崭新的原料领域。在技术工艺上，也较先前完备和精细。除淘洗、碎切、泡沤之外，可能已经开始用石灰进行碱液烹煮。这是一项重要的工艺革新，它既加快了纤维的分解速度，又使植物纤维分解得更细、更散，从而大大提高了生产效率和纸张的质量，为纸的推广和普及开辟了广阔的道路。造纸术的发明和发展，大大推动了文化知识的传播，促进了文化知识水平的提高，是我国古代劳动人民对世界文明的巨大贡献之一。

秦汉时期的漆器工艺有了进一步的发展，漆器手工业的规模和范围持续扩大，设有漆器工官的就有十个郡县。蜀郡和广汉郡的金银饰漆器最为著名，"蜀、广汉主金银器，岁各用五百万"，可见规模之大。"陈、夏千亩漆"，其富"与千户侯等"，更有"木器髤者千枚"以及"漆千斗"的"通都大邑"，足见当时漆器业的发达。出土的两汉时期的漆器种类繁多，质量优良，长沙马王堆汉墓出土的大批精美的漆器，正是当时漆器工艺水平高超的明证。

三、中国科学技术发展的高峰（隋唐—元时期）

隋唐科举之门一开，知识分子多务吟咏，一般不大留意于自然科学。唐代后期，特别是安史之乱、藩镇割据之后，唐朝经济和科技的滑坡成了不可避免的事。宋朝从五代十国的残局中脚踏实地地站了起来，狠抓水利工程建设，促进农业生产的发展和国民经济的繁荣。颇有意思的是，宋元的两位科学巨星沈括和郭守敬也都研究过水利。国富民强才能为科技进步创造必要的物质条件。同时，政府实行奖励科技的政策，推崇博物多识的科学风尚。从浙江建筑名匠喻皓到活字印刷术的发明者毕昇，许多民间能工巧匠都表现出非凡的创造力。在这种氛围中，科技实现了从继承到创新的转变。

（一）农业生产和科学技术的发展

封建社会的繁荣首先建立在农业生产发展的基础

之上。在唐、宋、元这一历史时期，虽然几经社会动荡，但总的来说还是比较稳定的。北方在几次大的战乱中，农业生产曾经受到严重破坏，但是一旦战乱平复，农业生产很快得到恢复和发展。南方受到社会动荡的影响比较小，基本上保持着农业生产的持续发展，成为全国经济的重心。

唐、宋、元朝政府都比较重视农学知识的普及和总结工作，曾经分别组织编写农书《兆人本业》《真宗授时要录》《农桑辑要》等，并颁行全国，以指导农业生产。

在耕作制度方面，北方地区基本上继承了《齐民要术》中总结的理论和技术，并作了进一步发展。南方地区的水田耕作技术已经相当成熟，宋代反映南方水田生产情况的《陈勇农书》的出现，就是证明。元代又有综合反映南北方生产技术的《王祯农书》问世。这些农书，对于促进农业生产发挥了积极作用。

比较先进而适用的农业生产工具，如犁、水车等，在这一时期已经定型化，并且得到了推广和普及。唐文宗大和二年（828年），政府曾经下令作水车样，并且令京兆府（京都地区的地方政府）制造水车，发给沿郑国渠、白渠的农民使用。晚唐的陆龟蒙曾著有专门论述耕犁的《耒耜经》，这些都反映了当时对水车和耕犁等农具的重视。一些新式农具，如秧马、高筒水车等，也都是在这一时期发明和使用的。农田水利工程的大规模营建，使大量的农田增强了抵御水旱灾害的能力。

这一时期，农作物优良品种的交流、引进和推广得到政府重视。特别是宋元时期棉花在长江流域和黄河流域的推广，为广大人民的衣着提供了新的原材料，给人们的经济生活带来了相当大的影响。

（二）手工业生产和科学技术的发展

手工业生产在这一时期也十分发达。唐宋政府关于手工业生产的管理机构已经很完善，官营作坊的管理制度相当严格，并且制定有相应的法律。

唐政府规定官府工匠要接受技术工艺的训练，训练时间因行业工种不同而长短不一，多则三年，少则几十天。

宋代，主管各行工匠的少府监下面分三十二作，专管土木工程的将作监下面有东、西八作，专管军事物资生产的军器监下面分东、西作坊共五十一作,分工相当精细。

元代的手工业管理机构更是庞大,设有诸色人匠总管府、提举司和各种局院。官局中有毡局、染局、绣局、毛缎局、银局、镔铁局等。为适应棉织业的发展,在一些地区设有木棉提举司,另外还在一些都市设置了织造局。

从隋代到元代,私营手工业发展也很快。大中小手工作坊大量出现,分布在全国广大的地区。不少都市成为手工业生产的中心。到宋元时期,私人手工业作坊中已经出现了雇工形式。这一时期手工业生产的发展,特别是生产技术工艺的提高,为中国古代文明增添了绚丽的光彩。

(三)数学、天文学、医学达到自身体系的高峰

社会的进步和经济的繁荣,给科学的发展创造了有利的条件。中国传统的科学,如数学、天文学和医学在这一时期均取得了不少重大成就,如数学中的内插法和高次方程求解方法,子午线长度的实测,地图、

星图、星表的编制，地磁偏角的发现等。

伴随着科学的发展，涌现了一批杰出的科学家。数学方面有"宋元四大家"，即秦九韶、李冶、杨辉、朱世杰；医学方面有"金元四大家"：刘完素、张从正、李东垣、朱震亨；天文学方面有一行、沈括、郭守敬等著名人物，他们至今仍为国内外的人们所赞颂和敬仰。

（四）各民族及中外科技文化交流

从隋代到元代，在组成中华民族的大家庭内部，各民族间的融合加强了。

隋代是以汉族为主联合鲜卑等族建立的政权。唐代采取了比较平等的民族政策，各兄弟民族在政府里任文武要职的人不少，汉族也有不少人到兄弟民族地区去。文成公主携带大批随从人员到西藏，这件事直到现在仍为汉藏人民所传颂。

宋代政府虽然和北方先后出现的少数民族政权如辽、西夏、金处于敌对状态，但是民间的交往融合并没有受到太大的影响，相反还有所加强。元朝建立后，随着民族融合步伐的加快，各民族之间的经济、文化和科学技术的交流都得到了加强。中原地区的很多科学知识和生产技术都传到了少数民族地区，使当时的西藏、新疆、内蒙古等地的生产技术都有比较大的提高，手工业生产有了很大的发展。各少数民族地区的优良动植物品种也源源不断传入中原地区，丰富了中原地区人民的物质生活。同时，畜牧、兽医方面的知识也为中原地区人民所吸收，出现了一批有关畜牧、兽医的著作。

从唐代到元代，是中国历史上与国外交流最频繁的时期。陆路上继续沿着丝绸之路西至阿拉伯乃至欧洲一带，均有广泛的交通贸易。海上交通更是后来居上，成为中外交往的主要途径。中国的船舶向东北航行到达朝鲜、日本，向东南航行到东南亚各国，往西穿越印度洋到达阿拉伯和非洲东海岸。就这样，不断有新的航线开辟，中国与国外的海上交往越来越频繁，各国也有不少人经由海道来到中国，出现了古代海上交通、经济贸易、文化交流等蓬勃发展的景象。

四、西方科学技术的传入（明、清时期）

明末清初，中国传统的科学技术发展缓慢，有些学科停滞不前甚至出现倒退，这时西方科学技术伴随西方的殖民主义动机传入，因此引起了与中国传统文化之间的种种矛盾，产生了各种问题。

明末清初，士大夫对待西方传入的科学技术知识，大致有三种不同的观点。

第一种观点是玉石不分，只要是西方传入的，就一律拒绝，坚决反对。如明末的冷守中、魏文魁和清初的杨光先可以作为持这一观点的代表。杨光先给清政府的奏折里有："宁可使中夏无好历法，不可使中夏有西洋人。"他还说，汉代的历法并不好，日食预报也不准，但是这并不影响汉代仍然享有四百年的天下，如果为了改历而任用包藏祸心的西洋人，那就恐怕会"祸发无日"。这些人大都从维护封建统治思想出发，反对传教士在中国的传教活动，同时反对传入的西方科学知识。

第二种观点却走向另一个极端，持这一观点的人认为，传入的西方科学技术知识一切都好，应该全部吸收，不问这些知识是否是当时西方最先进的，也不考虑是否适合中国的实际情况。明末的徐光启、李之藻可以作为这一派人的代表。他们在崇信西方科学技术知识的同时，本人也多信奉天主教，认为天主教可以"补益王化"。

第三种观点主张去芜存菁，批判地吸收传入的西方科学技术知识，对传统的科学技术知识也不放弃，进行深入的研究。清初的王锡阐和梅文鼎可以作为这一派的代表人物。他们的思想是"法不分中西"，"法有可采，何论东西，理所当明，何分新旧"，"考正古法之误，而存其是，择取西说之长，而去其短"。

这一时期，伴随着各种科技书籍的翻译和科技实业的诞生，近代科学知识的引进出现了高潮。李善兰、傅兰雅（John Fryer）、徐寿、华蘅芳、严复等中外名士致力译介，成就卓著；日心说、进化论等先进科学学说和思想在中国立足和传播，改变了科技界的精神面貌。中国传统科学体系开始被近代科学所取代，中国近代科学开始萌芽和发展，并初步成形。

（一）科技书籍的翻译

翻译科技书籍和兴办科技实业乃近代科学传入中国最重要的两条途径。关于近代译介西方科技的书籍，先后有一些学者进行过研究。据统计，自咸丰三年

（1853年）到宣统三年（1911年），有468部西方科学著作被译成中文出版。20世纪七八十年代，钟少华作《西方科技东流书刊目录》，收书达1500多种，其中近代的译著居多。

1807年，第一位来华的基督教新教传教士英国人罗伯特·马礼逊（Robert Morrison）受命取道美国来到广州。1823年，他首次把《圣经》全译为中文并出版，使这部基督教经典得以完整地介绍进中国。他的著名的《华英字典》（A Dictionary of the Chinese Language）于1815年起在澳门开始出版，至1823年出齐，成为后世汉英、英汉字典的典范，对中外文化交流作出了重要的贡献，至今仍为海外学子研习中文的重要工具书。随着《华英字典》的出版，产生了一系列的连带效应，其中之一是催生了近现代印刷出版机构在我国的诞生，间接地推动了中国印刷业、出版业的诞生和发展。19世纪40年代末至50年代初，科学译著开始出现。至1867年，出版的科学译著约20种，其中最值得称道的是墨海书馆19世纪50年代出版的由伟烈亚力、艾约瑟、李善兰等合译的一批科技书籍。除传教士外，外国医生、科学考察团等也加入了西学东渐的行列。

1855年，墨海书馆再版了英国医生合信（Benjamin Hobson）编著的《博物新编》，介绍化学、天文、气象、物理、动物学等知识，在当时颇有影响。19世纪下半叶，外国传教士在中国开办了一些教会学校，也编译了一些教科书性质的科技书籍，如数学教科书《形学备旨》（1885年）、《代数备旨》（1891年）、《笔算数学》（1892年）、《代形合参》（1893年）、《八线备旨》（1894年）等，同时成了各地新法学堂的初等数学读本。

（二）"日心说"在中国的胜利

在欧洲，自1687年牛顿发表《自然哲学之数学原理》以来，哥白尼学说日益深入人心。18世纪20年代布拉德雷（James Bradley）发现了光行差之后，哥白尼学说更被证实为科学理论。1760年法国人蒋友仁（Benoist Michel）进献《坤舆全图》，在地图四周的天文学图文中明确宣布"哥白尼论诸曜，以太阳静、地球动为主"，肯定哥白尼学说的正确性，介绍了开普勒三定律，以及欧洲天文学的一些最新成果。可惜牛顿的万有引力定律和布拉德雷关于光行差的发现未被提及。

然而，哥白尼学说要被中国学术界普遍承认还要经历艰苦的斗争。守旧者如阮元在他主编的《畴人传》中攻击哥白尼学说"上下易位、动静倒置，则离经叛道，不可为训"。著名的乾嘉学者钱大昕，把《坤舆全图》说明文字润色后定名为《地球图说》加以出版，请阮元作序，阮元劝读者对哥白尼学说"不必喜其新而宗之"。后来，魏源的《海国图志》对哥白尼学说作了介绍。李善兰在为《谈天》写的七百多字的"序"中，批判了阮元等人对哥白尼学说的攻击，用力学原理、已发现的天体的光行差、地道半径视差等科学事实、证实地动说和椭圆运动已是"定论如山，不可移矣"。《谈天》一书的出版，使哥白尼学说在中国站稳了脚跟，为近代天文学在中国的传播奠定了基础。

王韬于1889年作《西学图说》一书，用最新的成果，再次证明了哥白尼学说的正确性。1897年，叶澜作《天文歌略》曰："万球回转，对地日天。日体发光，遥摄大千。地与行星，绕日而旋。地体扁圆，亦一行星。绕日轨道，椭圆之形。同日绕者，侧有八星。"这一歌谣乃哥白尼的"日心说"在中国深入人心的有力例证。

（三）近代科学的启蒙者——傅兰雅

19世纪外国来华知识分子与明末清初有了很大的不同。除传教士外，还有医生、教师和一些专业科学工作者。其中英国传教士出身的傅兰雅在中国多年，为近代科学引进中国作出了不可磨灭的贡献。

1861年，傅兰雅至香港圣保罗书院任教。1863年，他来到北京，任京师同文馆英文教习。后又至上海，任英华学塾校长，兼《上海新报》编辑。1868年受江南机器制造总局之聘，担任翻译，长达二十余年。他共翻译了113部中文著作，主要是科技类书籍。

1876年，格致书院正式开院后，傅兰雅与徐寿一起，是主事和授课人中贡献最大的骨干。同年，格致书院开始发行中文科学期刊《格致汇编》，傅兰雅任主编。《格致汇编》的英文名称是 The Chinese Scientific and Industrial Magazine，其前身是1872年在北京创刊的《中西见闻录》（The Peking Magazine）。《格致汇编》月出一册，两年后因傅兰雅回国暂停。他回中国后改为季刊复出，中途又曾停顿一次。至1892年出完第七卷，宣告停刊。傅兰雅还编写过一批科学入门读物，并开设格致书室，售卖进口科学书籍、仪器，经营印刷科学书籍。

1896年，傅兰雅赴美国，至加利福尼亚大学伯克利分校任东方语言文学首任教授，至1913年退休。傅兰雅先是作为中国近代科学的启蒙者之一，大半生致力于向中国人介绍和普及西方近代科技知识，后又将中国文化西传，成为美国汉学界的先驱，一生贡献可谓卓著。

（四）徐寿和近代化学知识的引进

洋务运动造就了中国的许多科技翻译家，其中最有名的是徐寿、徐建寅父子，以及华蘅芳等人。

1862年起，时已"研精器数、博涉多通"的徐寿和华蘅芳受曾国藩聘请，研制轮船，1865年制成"黄鹄"号。二人于1867年受命至上海襄办江南制造局。徐寿提议翻译西书，先与伟烈亚力，继而与傅兰雅等合作，翻译出版了大量科技著作。据统计，徐寿译刊书籍17部、168卷，其中主要是科技书籍，尤以化学方面最为集中。其化学译著中，以1871年出版的《化学鉴原》六卷最为重要且影响较广。原著是威尔斯（David A. Wells）所著的 Wells's Principles and Applications of Chemistry（1858年），其内容与一般化学教科书相当，概略地介绍了化学的基本理论及各种重要元素的性质。

《化学鉴原》涉及的化学元素有64个。要译好此书，首先必须解决中西化学名词对译的问题。徐寿为此创造了取西文名字第一音节之音，加上该元素单质的性质之意，构成新字命名的原则，创译了一系列的化学元素中文名称。这一原则以及徐寿所创译的不少化学名词如钠、镍、锰、钴、锌、钙、镁等都沿用至今，有些还传到日本，为日本化学界所采用。

（五）华蘅芳的数学译述

徐寿的亲密搭档是华蘅芳，两个人长期并肩工作，然其专长和分工有所不同。

华蘅芳的译述"文辞朗畅，论者谓足兼信、达、雅三者之长"，他的数学译著已比前辈李善兰翻译的内容更丰富。他著有《开方别术》，李善兰为其所作的序说："余所著各种算书，自谓远胜古人。当今之世，能读而尽解之者，惟吴太史子登（即吴嘉善）及华（蘅芳）君耳！"华蘅芳能读通当时中西数学专著，成功地译介，但自著书的创见则远不及李善兰的水平。

（六）进化论的传入和影响

生物进化论、能量守恒定律和细胞学说是19世纪自然科学的三项伟大发现。

从1873年华蘅芳等翻译出版的《地学浅释》，到1891年出版的《格致汇编》，虽已介绍过进化论的观点，但始终没有提到达尔文的名字。最早介绍达尔文及其学说的是我国留英归来的严复。

严复精通英文，译介了大量的西方学术著作，其中最著名的当属赫胥黎的《天演论》、亚当·斯密的《原富》、孟德斯鸠的《法意》、穆勒的《穆勒名学》、耶芳斯的《名学浅说》等，对中国学术界影响深远。

第二节　郭守敬的主要科技成就与贡献

在中国科学技术的发展历程中，元代科学家郭守敬的贡献不可忽视。他的科学成就不仅在当时产生了深远影响,而且在后世也得到了广泛认可和赞誉。明末,当著名的耶稣会传教士汤若望获悉郭守敬的伟大天文成就时,曾情不自禁地夸奖说郭公真是"中国的第谷"啊。其实,如果他首先了解到郭守敬的毕生成就,而后才知晓晚于郭公300年的第谷,他应该将第谷称作"丹麦的郭守敬"才对。

郭守敬是元代著名的天文学家、数学家、水利专家和仪器制造专家,他的科学成就和贡献对后世的中国乃至世界都产生了重大的影响。

一、天文学

(一)天文观测

郭守敬首先是一位著名的天文学家和仪器制造专家,他在中国历法史上作出了卓越的贡献。他运用自己改进和创造的天文仪器,进行了大量的精密天文观测,为《授时历》的编制提供了坚实的基础。

郭守敬所从事的观测项目非常多,其中包括冬至时刻、二十八宿距度和星表、四海测验、黄赤交角以及一些历元时刻的测定等。在这些观测项目中,大部分数据都是中国古代历法史上最精确的,或者接近于最佳的。其中,四海测验是一项非常著名的观测项目。

四海测验是中国古代天文学家们在广阔的国土上进行的天文观测活动,主要目的是测定天文参数,如日影长度、北极出地高度和昼夜长短等,以授时历法年而定春、正朔。郭守敬从元上都(今内蒙古自治区锡林郭勒盟正蓝旗上都镇)、元大都(今北京)开始,经河南转抵南海,跋涉数千里,亲自参加了这一路的测验。在其中的6个地点,特别测定了夏至日的表影长度和昼、夜的时间长度;测出的北极出地高度平均误差只有0.35米;新测二十八宿距度,平均误差还不到5角分;测定了黄赤交角新值,误差仅1角分多;取回归年长度为365.2425日,与现今通行的公历值完全一致。这些观测结果,都为编制全国适用的历法提供了科学的数据。

通过这些精密的天文观测,郭守敬不仅为中国历法的编制提供了重要的数据支持,同时也推动了天文仪器制造技术的发展,对后世产生了深远的影响。他的工作成果不仅被载入史册,更为后人提供了宝贵的科学资源。

（二）编制《授时历》

在中国古代，历法是非常重要的，因为人们需要根据天象的变化来安排农业生产、祭祀等重要活动。

在《授时历》的编制过程中，郭守敬负责制器和测验。他不仅对全天恒星星表进行了测定，而且在测定七应❶的工作中，运用了他的历法推算和对数据的处理能力。这些工作都是非常精密和复杂的，需要大量的观测和计算。郭守敬通过改进观测仪器和方法，提高了观测精度，为《授时历》的编制提供了准确的数据支持。此外，郭守敬与团队成员通力协作，吸收集体智慧。他的团队成员包括许衡、杨恭懿等人，他们在整个历法的创新和改革中都发挥了重要作用。通过集体讨论和分工负责，共同完成了《授时历》的编制。

《授时历》推算出的一个回归年为365.2425天，

---

❶ 七应：指郭守敬做的七项测定工作。一是精确地测定了至1280年的冬至时刻；二是给出了回归年长度及岁差常数；三是测定了冬至日太阳的位置；四是测定了月亮在近地点时刻；五是测定了冬至前月亮过升交点的时刻；六是测定了二十八宿距星的度数；七是测定了二十四节气时元大都日出日没时刻及昼夜时间长短。

即365天5小时49分12秒，地球绕太阳公转的恒星年为365.2564天，即365日6时9分10秒。《授时历》的精确性和创新性对世界天文学产生了深远的影响。

郭守敬编制的《授时历》是中国古代天文学史上的重要里程碑，它提高了天文历法的精度和实用性，同时，推动了世界天文学的发展，为世界各国提供了一种先进的天文历法编制方法。

（三）天文仪器制造

郭守敬为了完成《授时历》的编制工作，创新研制了12种天文台上使用的仪器和4种可携带至野外观测用的仪器。他制造的天文仪器大多具有设计科学、结构巧妙、制造精密、使用方便的特点，并且多数都注意到仪器安装的校正装置。这些创新对后世天文学和数学的发展产生了深远的影响。

齐履谦所撰写的《知太史院事郭公行状》中详细列出了郭守敬制作的主要仪器，包括简仪、高表、候极仪、浑天象、玲珑仪、仰仪、立运仪、证理仪、景符、窥几、日月食仪及星晷、定时仪。另外，还制作了正方案、丸表、悬正仪和座正仪等仪器。在《元史·天文志》中有详细记载的仪器有9件,包括简仪、候极仪、立运仪、浑象、仰仪、高表、景符、窥几和正方案。在这些仪器中,简仪、赤道经纬仪和日晷三种仪器可结合利用,用来观察天空中的日、月、星宿的运动。高表与景符是一组测量日影的仪器,是郭守敬的创新,将过去的八尺改为四丈高表,表上架设横梁,石圭上放置景符,透影和景符上的日影重合时,即当地日中时刻。用这种仪器测得的是日心之影,较前测得的日边之影更加精密。

在创编《授时历》工作前后,郭守敬还制造了一些天文仪器,其中多数是计时装置或与计时装置有关的仪器,包括宝山漏、大明殿灯漏(又称"七宝灯漏")、灵台水运浑天漏、柜香漏、屏风香漏和行漏等。其中,大明殿灯漏是中国第一架与天文仪器相分离的独立的计时器,具有重要的历史意义。

二、数学

郭守敬参与制定的《授时历》除了在天文数据上的创新外,在计算方法方面也有重大的突破。

废除上元积年，改用至元十八年（1281年）天正冬至（即至元十八年开始之前的那个冬至时刻，实际上在至元十七年内）为其主要起算点。其他各种天文周期的历元，均推算出与该冬至时刻的差距，称为相关的"应"，由此形成一个天文常数系统。

古代天文数据以分数形式表示，这种表示法在历法计算中带来诸多不便，且随着天文数据测定的进步，难以完全准确地表达数据值。因此，唐代开始有人试图打破这种分数表达法的传统。南宫说于唐中宗神龙元年编的《神龙历》以百进制为基础，而曹士蒍于唐德宗建中年间编的《符天历》更明确提出以万分为日法。然而，《神龙历》并未获得颁行，而《符天历》只在民间流行，被官方天文学家贬称为小历。直至《授时历》，才开始以革新精神断然采用以万分为日法的制度，使天文数据的表达方式更加简洁、合理。

刘焯创立了用三次差内插法计算日月时差运动速度。唐代天文学家发现，许多天体运动用二次差来计算是不够精确的，必须用三次差，但关于三次差内插公式却一直没有找到，只能用一些近似公式来代替。《授时历》发明了一种被称为"招差法"的方法。从原理上来说，招差法可以推广到任意高次差的内插法，这在数据处理和计算上是个很大的进步。因此，《授时历》的这一创新被认为是中国古代天文学和数学发展的重要里程碑，对后世天文学和数学的发展产生了深远的影响。

此外，对于天体的赤道、黄道、白道经度之间的相互变换，对于太阳视赤纬的推算，以及对于日出时刻和昼夜时刻的计算，前人或在实测的基础上以经验性的数学方法加以处理，或给出近似的代数学方法予以计算。郭守敬等在宋代沈括会圆术的基础上，发展出了弧矢割圆术，较好地解决了上述天文学难题。

三、水利学

郭守敬在水利方面的才干在家乡邢台治水时便初显锋芒。为疏浚邢台城北河道，郭守敬做了大量的前期准备工作：走访本地百姓、勘察河道情况、审视周边地形等，进而有的放矢地规划、设计了解决方案。郭守敬依据实际地形，依照古旧河道重新挖掘沟渠修建了新河道，将洪泛混在一起的河水分流，令三条水道"各有归宿"。他在挖掘沟渠的过程中挖出了埋没于淤泥中的古石梁，于是利用旧石梁进行分流，成功修缮了困扰邢台百姓数年的河患。不仅如此，由于郭守敬对实地情况的认真考察，做出了最经济、最科学的解决方案，使整个修缮工程只用了400余人，耗时仅40天即告完成。郭守敬在疏浚家乡河道中总结出的有价值的经验，也为日后整修西夏沟渠、修建通惠运河打下了坚实基础。

1264年，忽必烈任命郭守敬视察治理西夏（今宁夏地区）水系。郭守敬亲自勘察了千余里的古河道，梳理了60余条大小支流。郭守敬"因旧谋新"、因地制宜，巧妙地利用原有的旧河道，在尽可能不改变原有河道走向的前提下兴修新的水闸土堰。这样不仅可以减少时间上的浪费、尽量不影响百姓正常的耕种和生活，还使原有的渠道得到最大程度的开发和利用，减少了资源的浪费，真正做到"役不逾时而渠皆通利"，使西夏地区百姓的生产生活秩序逐步恢复。河套地区的百姓为了纪念郭守敬的功绩，为郭守敬修建了"生祠"。

1275年，郭守敬受朝廷委派考察大运河的山东河道。经过详尽考察后，山东河道的修缮正式动工。在这个过程中，最能体现郭守敬创新精神的就是他"截弯取直"，摒弃旧河道而修建全新的河道。1289年，郭守敬新修河道竣工："起于须城安山之西南，止于临清之御河，其长二百五十余里，中建闸三十有一，度高低，分远迩，以节蓄泄。"元代大运河山东段经过郭守敬的改造，实现了全线通航。郭守敬在大运河山东段的改造当中，"截弯取直"使运河北上的路程大为缩短。总共修建控制闸31座，实现了节水行舟。郭守敬在实地考察的基础上，灵活运用水利知识，大胆创新，耗时近15年完成了对旧运河的改造。郭守敬将原本为"之字形"的旧运河改为近乎直线的新河道，完成了"利在当代，功在千秋"的壮举。元明清三朝之南北内河漕运基本全部仰仗京杭大运河，郭守敬为中国古代经济发展作出了不可磨灭的贡献。

  原本京杭大运河只能将江南的粮草物资北运至通州，而从通州到大都（今北京）则只能靠陆路运输，十分不便。1291年，为了解决这"最后一公里"，忽必烈继续任命郭守敬为都水监主管，打通通州至大都的水路。在此之前，曾有大臣提议引滦河之水，但郭守敬实地考察之后认为，滦河深度不够，不能满足大载量运输船的通行。郭守敬向忽必烈进言："大都运粮河，不用一亩泉旧原，别引北山白浮泉水，西折而南，经瓮山泊，自西水门入城，环汇于积水潭，复东折而南，出南水门，合入旧运粮河。每十里置一闸，比至通州，凡为闸七，距闸里许，上重置斗门，互为提阏，以过舟止水。"在得到忽必烈的大力支持后，郭守敬按计划开凿新运河，只用了不到一年时间即竣工，就是著名的通惠河。

郭守敬灵活运用水利知识，亲自勘察、自主创新，完成了对大运河的升级改造，为朝廷和百姓立下了"功在千秋"的不世之勋。

在进行水利工程建设的过程中，郭守敬还提出了以海平面作为基准比较大都和汴梁两地地形高下之差的概念，成为地理学上"海拔"概念的首创。

郭守敬在中原治水时发现，开封段黄河距海遥远，流速很快；北京河流近海，流速较慢。他由此推断，如果以海平面为基准，北京的海拔高度应该低于开封。

在通惠河的开凿中，郭守敬精准测量到大都西北角海拔50米，而城北昌平的白浮泉附近海拔约60米，两地间的地势并非逐渐下降，其中最低处海拔不足45米。为了解决这一问题，郭守敬在西山山麓海拔约50米处修建了长达60多里南北走向的堤堰，绕过了低地，并汇集了沿线的水源，使得水量更加充足，从而顺利将渠水引入大都。他的成功经验不仅对今天的河道治理具有启示意义，同时也为研究古代地形测量技术提供了宝贵的史料。

综上所述，郭守敬作为一位元朝时期的伟大科学家，他在科技方面的成就展示了中国古代科学发展的高度和广度，代表了中国古代科学发展的一个高峰。他在多个领域都有杰出的贡献，展现出一种追求真理、探索科学的卓越品质。他的科学精神和实学思想成为中国科学技术史上的一个典范。

第二章 郭守敬的求学经历

第一节 元代的历史文化背景

13世纪初至14世纪中期，北方蒙古政权迅速扩张。1206年，成吉思汗统一蒙古各部，建立了大蒙古国。其与后世接班人带领蒙古军队不断发动对外战争，扩张其疆域。1215年，蒙古国以金帝迁都汴京（今河南省开封市）为由，率军攻陷中都（今北京市），至此河北地区变女真政权统治为蒙古政权所统治。1229年，元太宗窝阔台即位，于1232年率大军围攻汴京城。同年，金哀宗放弃汴京，分别迁都至归德府（今河南商丘市睢阳区）和蔡州（今河南省驻马店市汝南县），然而蒙古军穷追不舍，于1234年联合南宋攻陷蔡州城，金朝彻底灭亡。1260年，忽必烈称汗，建元"中统"。1271年，忽必烈改国号为大元，次年定都大都。1279年，灭南宋流亡政权。

元政权是一个以蒙古族为主的多元文化政权。在统治政策的制定上，既有对蒙古传统的继承，又有对汉族文化的吸收，并在此基础上有所发展。同时，元政权也非常重视商业和文化交流，在其统治区及与其邻近地区之间的商业和文化交流得到了极大的发展，促进了各民族和文化的交融。与传统汉、唐、宋等中原王朝不同，元朝统治者是世代生长于蒙古高原的北方民族，轻视重礼说教的儒学，重视实学，官方推行的一系列政策推动了实学的发展。

一、"夷夏大防"观念的逐渐淡化

郭守敬生活在一个少数民族政权不断更替的时代，加之连年的战火，民不聊生，让郭守敬等饱学之士的华夷观与传统的"夷夏大防"正统论有所区别。由于当时的邢州等地长期处于北方少数民族政权的统治之下，随着时间的推移，原本中原汉族儒者"夷夏大防"

的正统观念逐步淡化。此时的北方儒者认为，民族血统并不是区别"华夷"的唯一标准，真正衡量"华夷"的准则应该是"礼"。也就是说，中原汉族王朝若不遵礼法、不爱臣民、实行苛政蛮政，也自堕沦落为"蛮夷"；而少数民族政权若遵循礼法、行天道、爱子民，同样可以视其为"华夏"。在这样的华夷观下，诸多北方儒者提出了自己的看法。

乾州杨奂提出了"王道之所在，正统之所在"的观点。杨奂认为，传统的正统论拘泥于血统（家族世系）和土地（辖区位置），这极大地阻碍了各民族之间的融合，真正的"正统"应该以"是否实行王道"进行评判。无论是汉族政权还是少数民族政权，只要实行王道，那么该政权就拥有合法性与合理性。基于此，郝经在"用夏变夷"思想的基础上提出了"今日能用士而能行中国之道，则中国之主也"的论断。郝经的核心思想与杨奂大体相同，都强调"礼法"才是评判一个政权合法性的唯一标准。只要能够积极用"士"，实行华夏礼法，那么该政权的合法性就能够得到保证。许衡在《时务五事》中说："北方奄有中夏，必行汉法，可以长久，故魏、辽、金能用汉法历年最多。其他不能实用汉法,皆乱亡相继……国朝仍处远漠无事论此。必若今日形势,非用汉法不可也。"除此之外,许衡在民族关系上也产生了"天下一家,无分贵贱"的看法,这点与唐太宗"自古贵中华、贱夷狄,朕独爱之如一"的理念相似,继承了宋儒张载"民胞物与"的济世观。

杨奂、郝经、许衡等儒者的华夷观在一定程度上颠覆了传统"夷夏大防""血统至上"的正统论,形成了"礼法至上"的政治思想。在金末元初之际的中国北方,"礼法"超越"血统"成了评判政权合法性的新标准。在这样的大背景下,刘秉忠、张文谦、郭守敬等邢州学派儒者的华夷观亦是如此。一个政权统治者是否重用人才、重用汉臣,是否实行汉法、体恤百姓,成为当时儒者权衡自己是否出仕的原则。他们将"能够入侍藩府,辅助忽必烈这位漠北的藩王行汉法,解决中原汉地久不治理、百姓流离失所的现状,建功立业"确定为自己的人生目标,表现出"强烈的历史使命感和忧患意识"。郭守敬正是在这样的环境下成长并继承了金元之际诸位儒者的正统论与价值观。如何能够帮助统治者尽早稳定社会秩序,恢复民生,最小化战争给民众带来的苦难，成为郭守敬等传统儒者实学思想的逻辑前提。

二、统治者重视实学，官方推行

中国传统文化注重心性之学，统治者对国家治理侧重于从儒家"引经据典"，不重视以科学技术为圭臬的"实学"。但元朝历代统治者都十分重视实学，如蒙古大汗蒙哥对数学深有研究，能够钻研古希腊数学家欧几里得的《几何原本》。元世祖忽必烈对数学知识也比较重视，曾设置专门的机构研究西方国家数学知识。官居赞善的王恂，尤以数学见长，教育太子真金："算数，六艺之一耳。定国家，安人民，乃大事也。"蒙古在征战中挑选出来三万有手艺的人，成吉思汗把他们分给他的诸子和族人。大量工匠的保存，为元代科技的发展提供了机遇，这也是元代统治者重视实学的例证。此外，元政府重视人才选拔，采取多种措施选拔优秀人才，如采用荐举、保举等方式。重视推广、普及教育，实行了"社学"制度。社学是基层教育机构，旨在普及教育，提高民众素质。在社学中，不仅教授儒家经典，还传授各种实用技能，如农耕技术、算术、医学等。这种教育方式有利于实学思想在民众中的传播。

三、实学的实践与应用推动了实学的发展

元时期的实学文化强调实际操作和应用，注重解决现实问题。这种文化特点在农业、科学技术、军事等领域都有体现。

农业方面。元代积极推广新的农业品种，实行一系列农业政策，推广先进的农业技术，提高了农业生产效率。同时，元代还修建了许多水利工程，如黄河下游的堤防、大都的水源工程等。蒙古族作为一个游牧民族，统治者也十分重视畜牧业的发展。在统治者的鼓励下，蒙古族人民积极发展畜牧业，推广新的牧业技术和管理方法，从而大大提高了畜牧业的生产效率。

科学文化方面。首先，以郭守敬为代表的科学家在天文、历法等方面取得了较大的进步。如郭守敬在元世祖的支持下进行了"四海测验"——大规模的恒

星观测和测量，编制了《授时历》，对于中国乃至世界天文学的发展作出了重要的贡献。其次，元时期的医学实践也取得了重要的进展。随着中西文化交流的加强，引进了阿拉伯和欧洲的医学知识，对于中国的医学发展产生了深远的影响。如忽思慧在其所著的《饮膳正要》中，不仅总结了蒙古族和汉族的医学经验，而且结合了中亚和西亚的医学知识，提出了许多有关健康饮食和卫生的知识。在中医方面也形成了一系列具有特色的医学著作，如《伤寒论》《金匮要略》等。最后，在重大工程方面也取得了较多成果。元时期，政府支持进行了大规模的地理勘探和测量，如刘秉忠考察了燕京地形，并主持修建了元大都；郭守敬主持修通了大运河通惠河段。同时，元政府还编纂了《大元一统志》等地理著作。

军事方面。元朝时期，火器制造技术得到了很大的发展。蒙古军队在战争中引入了新型火器，如火炮、火箭等，这些新型武器的出现使蒙古军队在战争中更具优势。蒙古军队采用的炸药技术和火箭技术，大大提高了作战武器的杀伤力和破坏力。

四、中西文化交流促进了实学的传播

元朝时期,中国疆域幅员辽阔,有利于东西方的经济文化交流。外来文化在中国的传播,为实学发展提供了新的思路。其中,阿拉伯文化对中国实学的影响最大。

阿拉伯地区,由于其特殊的地理位置,在文化上大量继承了希腊哲人的优秀成果,同时吸收了波斯、印度的某些有益元素,最终创造了光辉灿烂的伊斯兰文化。蒙古西征使许多国家的匠人、商人以及军士源源不断地来到中国,这些人被统一称为回回人。元代在天文、地理、医药、农学等诸多方面留下了回回人的智慧和成就。在天文学领域,他们中最有名的天文学家(星学者)是札马鲁丁。至元四年(1267年),札马鲁丁曾制作七件"西域仪象",《元史·天文志》有详细记载:"咱秃哈剌吉,汉言混(浑)天仪也;咱秃朔八台,汉言测验周天星曜之器也;鲁哈麻亦渺凹只,汉言春秋分晷影堂;鲁哈麻亦木思塔余,汉言冬夏至晷影堂也;苦来亦撒麻,汉言浑天图也;苦来亦阿儿子,汉言地理志也;兀速都儿剌不定,汉言昼夜时刻之器。"同年,札马鲁丁进献《万年历》,"世祖稍颁行之"。后来,元朝施行郭守敬的《授时历》。

除了天文历法、地理学之外,元朝的回回人在医学、农学等实学领域都取得了不凡的成就。赡思的《重订河防通议》《西国图经》,廼贤的《河朔访古记》,鲁明善的《农桑衣食撮要》《回回药方》,都是元朝回回实学成就的具体呈现。

第二节 少年初志与家学渊源

郭守敬生于金哀宗正大八年(1231年,蒙古汗国太宗三年,宋理宗绍定四年)时期的邢州(今河北省邢台市)。当时,邢州地区社会动荡不安。金朝的统治已经濒临崩溃,政治腐败,民不聊生,社会矛盾尖锐。蒙古的入侵也使当地遭受了严重的战乱和灾害,经济萧条,社会秩序混乱。旱灾、水灾等自然灾害频繁发生,百姓的生产生活受到了极大的影响。《古今图书集成》卷一百一十七《顺德道·艺文》有:"邢州九县，……其人武弁不习吏事，重以求取为念。故奸吏乘之，肆为朘割，始于贫民下户，次则中人富家，末则权豪势要，剥肤锥髓，惟恐不竭。至无所与取，则求贷于贾胡，以供日用。累息既多，乃责民以偿之，束缚笞榜，无所不至。百姓始大骇，散而之四方矣，千里萧条，为之一空。城中才百余家，皆以土塞门，穴地出入，望见单马则匿之丛薄间。"郭守敬正是在如此水深火热的动乱年代出生并度过了他的少年时代。

据考证，郭守敬出生于今邢台市信都区的郭村。他出身书香门第，家学渊源深厚。他从小受到了良好的家庭教育，这主要缘于他自小由其祖父郭荣抚养成人。郭荣精通五经，熟知天文、算术、水利技术，是当地一位颇有学问的人。《元史·郭守敬传》记载："（守敬）大父亲，通五经，精于算术、水利。"元翰林学士、中奉大夫王恽曾称赞郭荣："公善推步、算术，隐德君子也。"在一首赞颂郭荣祖孙的题为《题郭都水若思祖行实卷后》的诗中写道："天元章会到玄机，星历推来一理齐，襄国至今传异事，门前鸳水亦曾西。龙岗拱木秋风老，燕处犹怀隐德尊，皇极不穷身后数，青云今见起家孙。"诗题目中所说的"郭都水"，即指郭守敬。这组诗对郭荣的一生作了简明、形象、客观的评价："善推步、算术"，对"天元""章会"之术，通其玄妙，观星测历，皆本于理。"襄国至今传异事，门前鸳水亦曾西"中的"鸳水"据考证是汇聚邢台县城西北四五里处的达活、野狐二泉之水所形成的一条河流。郭荣、郭守敬的故里，如今位于邢台信都区西北三十里处的郭村，其正处在达活、野狐泉群的西部偏北方向，地势比泉区稍高。据实地考察，现在郭村的村北，尚存有一条已经干涸多年、但在雨季尚能积水的比较宽阔的旧河道。村里曾有传说：在很久以前，这条河道里曾经有过流水，可以灌溉周围的农田。当年，郭荣曾采取措施，提高达活、野狐二泉仰出之水的水位，并把此水向西引流以灌溉自己家乡周围的农田。由此可见，郭荣在水利方面具有真才实学。郭守敬后来导神山等泉水西行以供通惠河水源的策略，应该是对其祖父治水经验的继承和发展。

郭荣善于结交社会贤达。金末元初著名的邢台籍大政治家、学者刘秉忠，就是郭荣的好朋友，二人过从甚密。郭荣把郭守敬送到刘秉忠身边求学，这对促进郭守敬成才和他一生在事业上的发展，都起到了极为重要的作用。郭守敬师从刘秉忠，一方面使他在学业上大有长进，眼界大开。另一方面通过刘秉忠，他结识了一批良师益友，如张文谦、张易、王恂等，对他在事业上的成功帮助极大。

元人齐履谦在《知太史院事郭公行状》中说："时太保刘文正公（秉忠）、左丞张忠宣公（文谦）、枢密张公易、赞善王公恂，同学于州西紫金山。而文正公复与鸳水翁为同志友，以故俾公（守敬）就学于文正所。"这段关于郭守敬早年重要经历的记载，对于理解他的仕途和科学技术素养的进一步提高以及科学技术抱负的实现关系重大。刘秉忠、张文谦、张易、王恂成为郭守敬后来在天文历法与水利工作中重要的指导者或合作者。

在家学和师友的影响熏陶下，郭守敬从小就表现出卓越的才能。他在八九岁的时候，就能背诵经文，咏诗作对，并且对一些大自然现象非常感兴趣，还能说出一些道理来。《知太史院事郭公行状》云，郭守敬从小就"生有异操，不为嬉戏事"，不爱玩耍。其实，这只不过是他在先辈的严格要求下，从小就把主要精力用在了学习上,不一味贪恋嬉闹玩耍罢了。勤奋的学习让郭守敬不但有了基础的经学功底,更在天文、水利、数学这样的"自然科学"方面具备基本的才能。这也为其后从事天文、水利等科学事业打下了牢固的基础。

郭守敬在郭荣的引导和教育下,少年时期便展现出在自然科学方面的才能,尤其在天文仪器和天文观测方面初露锋芒。

在郭守敬十五六岁时,他得到了一幅北宋燕肃莲花漏图的拓片,便能依图将其原理说清楚。"公(郭守敬)年十五六,得石本莲花漏图,已能尽究其理。"莲花漏是燕肃(961—1040)在宋仁宗天圣八年(1030年)献上的❶,该法首次采用了漫流式系统,巧妙地解决了水位变化对古代最主要的计时器漏壶流量的影响,大大提高了计时器的准确度,在中国古代计时仪器史上占有重要的地位。该法随后不久即在北宋各地被广泛采用,燕肃则利用四处为官的机会,"所至,皆刻石以记其法,州郡用之以候昏晓,世推其精密"。对于这种设计复杂、巧妙周到的莲花漏,一般少年难解其妙,

---

❶ 燕肃还献上《莲花漏法》一卷详细记录漏刻的运作。

郭守敬却能"尽究其理",这固然缘于他平日对有孔容器水流状况的细心观察,并由之得到水位高低和流量大小之间内在规律的感知,也说明他对图像的理解有很强的形象思维能力。

另一件能体现少年时期郭守敬在天文方面能力的事情是郭守敬解读《尚书璇玑图》的含义,理解了浑仪之理,并模仿制作简易浑仪。"又得《尚书璇玑图》,规竹篾为仪,积土为台,以望二十八宿及诸大星。"尚书璇玑图中的内容,应指古代的浑仪,它一般是用铜制成黄道、赤道等环圈,并装有窥管以观测天体的位置。郭守敬因陋就简、就地取材,依《尚书璇玑图》所示的构造模式,用竹篾制成了一座虽简易但可用的浑仪。为扩大视野,他还将所制浑仪安置在土台之上,用以观测中国古代传统的特定星座二十八宿诸星和二十八宿之外的其他亮星。显然,郭守敬是在郭荣的指点下,熟知全天星座的相对位置、名称之后,意犹未尽,不满足于对诸星座位置的定性了解,而希望进一步认知其定量关系。

从这两件事,不难得知少年郭守敬对天文学产生了极其浓厚的兴趣,而且跟一般对天文学产生兴趣的儒生大不相同的是郭守敬并不只是停留在对天文学内涵的书面了解之上，而是更注重付之于实践；郭守敬不是对古代盛行的天文与祸福相关的说辞有兴趣，而是更关注与人们的生产、生活密切相关的计时仪器，以及天体运动的规律本身。此外，从这两件事更可以看到，少年郭守敬对天文仪器具有很强的理解能力和动手制作的能力，在可能条件下的变通能力和对天体进行实际观测的能力。在郭守敬后来的一系列的科技活动中，他的智慧和才干都得到了更加充分的体现。少年郭守敬的这些科学活动是在十分困难的条件下进行的，这就更加难能可贵。还要指出的是，少年郭守敬对科学技术的兴趣并不只限于天文学与仪象之学。从郭荣的志趣看，数学与水利之学也理当是教授的重点，这对郭守敬的影响是不言而喻的。总之，郭守敬从小就受到了相当全面的素质教育，特别在科学方法与科学精神方面均得到了很好的训练。我们看到，郭守敬——这颗科学技术的新星已在冉冉升起。

郭守敬的家学及家庭教育，在其后代中也有所体现。郭守敬的后人郭伯玉在明代是著名的科学家，其在科学文化方面有着重要贡献。如郭伯玉完善珠算之法，参与编制《大统历》。清人黄镭骏在《郭伯玉传》中写道："郭伯玉，守敬之裔，洪武中元统荐修《大统历》，始作珠算。""数字记遗所传珠算以色别，不以位分。惟《大统历法通轨》，乘除皆有定子之法，为珠算缘起。"

郭守敬的另一位后人，他的曾孙郭贵，明成化年间的《顺德府志》记载有："自幼聪敏，得曾祖守敬秘传，谙晓天文，测验天象极精，天顺间升钦天监春官正，掌造《大统历》。"明清时期的《顺德府志》《邢台县志》，多记有郭贵的事迹。可知元亡以后，郭守敬嫡系子孙的一支，仍长期居住在邢台。

从郭荣到郭贵，郭守敬家族家学传承六代，可谓家学渊源深厚。

第三节　求学紫金山

郭守敬一生在天文、数学、水利、仪表制造等方面所取得的成就，与其在青少年时代曾在紫金山从学刘秉忠，进而结识张文谦、张易、王恂等师友有重大关系。紫金山求学时期的经历，使郭守敬在这些博学多才的师友身上，学到前所未知的社会科学与科学技术的具体知识，体认到学海之深广。而郭守敬求学紫金山时期，目前需要考证的有三个问题：①"紫金山五杰"之间的关系；②紫金山的位置与其文化渊源；③郭守敬求学紫金山的具体时间和原因。

一、紫金山五杰

元代的刘秉忠、张文谦、张易、王恂和郭守敬号称"紫金山五杰"，他们在元代早期的政治、经济、思想和科技发展中起了十分重要的作用。他们在邢台西部的紫金山书院求学，打下了深厚的学术基础并展现了出类拔萃的智慧。这个特殊的群体，不仅在政治上有着卓越的成就，还在科技领域有突出的贡献。他们以卓越的政治才能和科技贡献，谱写了元朝政治和科技史上的辉煌篇章。"紫金山五杰"作为元朝初年政治和科技领域的杰出代表，对中国的历史和文化发展均产生了深远的影响。他们的政治思想和治国方略为元朝的统一和稳定提供了重要的理论基础。同时，他们的科技成就也为中国的科技发展奠定了坚实的基础。他们的思想、文化和科技成就是中国历史文化的瑰宝，激励着后人在治国理政和科技创新方面不断探索、追求卓越。

"紫金山五杰"在政治上的贡献以刘秉忠为首。他深受忽必烈器重，成为元朝一位重要的政治家。刘秉忠推行汉法，主张儒、释、道三教并立。他的思想对元朝政治产生了深远影响，为元朝的稳定和发展作出了重要贡献。刘秉忠才学十分渊博，"于书无所不读，尤邃于《易》及邵氏经世书，至于天文、地理、律历、三式六壬遁甲之属无不精究，论天下事如指掌"，是一位著名的学者。

《元史》记载："刘秉忠，字仲晦……曾大父仕金，为邢州节度副使，因家焉，故自大父（刘）泽而下，遂为邢人……八岁入学，日诵数百言。年十三，为质子于帅府。十七，为邢台节度使府令史，以养其亲。"可见，刘秉忠家庭殷实，八岁入学，每天能诵读数百言文字。十五岁时，被任命为邢台节度使府令史，开始养家糊口。也是因才学高深，多次被忽必烈召见。

1238年春即弃官，不久剃度为僧，成为邢台天宁寺虚照禅师的门徒。是年"秋七月，大蝗，居人之乏食者十八九。虚照老因妹婿之请，就熟云中（今山西大同），挈公（刘秉忠）同往。己亥（1239年）秋，虚照老还邢，公因留住南堂讲习天文、阴阳、三式诸书。会海云大士至，一见，奇其才。时上在藩邸，遣使召海云老北上，因携公偕行……丙午（1246年）冬，其父录事公之哀闻至，上闻之，召入，温言慰谕。丁未（1247年）春，赐以黄金百两，遣使送还。六月至邢州，依通礼行素志。冬十月，葬祖父母及父母于邢台之贾村。戊申（1248年）冬十二月，上遣使召公。己酉（1249年）春至王府"（张文谦《故光禄大夫太保赠太傅仪同三司谥文贞刘公行状》）。

从文中可以得知，刘秉忠自1238年跟随虚照禅师到山西，随后于1239年同海云禅师一起应召，在忽必烈潜邸逗留七年有余。可见，忽必烈对其重视程度。

张文谦在元代曾任中书左丞、大司农卿、御史中丞、昭文馆大学士，领太史院事、枢密副使等职，政治才能和治理能力卓著，为元初社会的稳定和发展作出了重要贡献。张文谦在任司农卿时，下设四道巡行劝农司，掌管劝课农桑、水利、乡学等事，鼓励农民开拓土地，扩大耕地面积。他用毕生所学著有《农桑辑要》一书，指导百姓采用新的种植技术；在北方建立村社制度，栽种树木、普及养鱼知识。在黄河中下游地区，种植麻和棉花。在南方种桑养蚕，这些措施都对当时经济的恢复和发展起到了至关重要的作用。《农桑辑要》是我国现存最早的一部官修农书。

张文谦也是邢台人氏，他小刘秉忠一岁，和刘秉忠从小就是同学，两个人都聪明善记诵，志趣相投。他们同学之时当在1223—1227年，这可从上引刘秉忠"八岁入学""年十三，为质子于帅府"推知。大约是在赴邢台奔丧之前，刘秉忠才向忽必烈举荐他的同窗好友张文谦的。至于张文谦应召赴潜邸的时间当在刘秉忠回邢台，两人晤面之后。《元史》记载："张文谦，字仲谦，邢州沙河人。幼聪敏，善记诵，与太保刘秉忠同学。世祖居潜邸，受邢州分地，（刘）秉忠荐（张）文谦可用。岁丁未（1247年），召见，应对称旨，命掌王府书记。日见信任。""公（张文谦）……自入小学，与太保刘公（秉忠）同研席，年相若，志相得。"张文谦在1262年向元世祖举荐郭守敬并得到重用，郭守敬对元代的水利、天文等都作出了极大的贡献。1264年，郭守敬随张文谦到西夏视察水利设施，对唐徕、汉延等大小数十条渠道进行疏浚修复。这些水利工程的修复使当地的九万多顷农田得到灌溉，为西北地区农业生产发展提供了有利条件。

张易，字仲一，忽必烈时期汉臣。中统元年（1260年）被任命为燕京行省的参政，至元三年（1266年）又担任中书右丞并同知制国用使司事。后升中书平章政事、枢密副使，兼领秘书监、太史院、司天台事，是忽必烈推行汉法的重要参与者。张易本姓鲁，出生于"太原临州临泉县"，养父张孔目，因改张姓，籍贯也被说是交城，"及长，剃发为僧，及遇知世祖皇帝，得所攀附云"。据考证，张易为学驳杂，洞究术数，不仅学兼儒、佛、道三家，而且于天文地理、阴阳五行、律历等无不精通。他与张文谦一样，从小和刘秉忠是同学，也于1247年被刘秉忠推荐给忽必烈，其应召赴潜邸的时间也大约和张文谦相同。

王恂，元代著名数学家。与郭守敬一道从刘秉忠学习数学和天文历法，精通历算之学。王恂任太史令期间，分掌天文观测和推算方面的工作，遍考历书四十余家。他在《授时历》的编制工作中，贡献与郭守敬齐名。王恂死后，他创造的历律计算法，由郭守敬等人整理成《推步》七卷、《立成》二卷、《历议拟稿》三卷、《转神选择》二卷、《上中下历注式》十二卷流传后世。

王恂从小也受到了良好的教育，其父王良，其母刘氏当是他的启蒙教师。他后来在天文、历法与数学上的造诣，和郭守敬一样有着深厚的家学渊源。到1249年回邢台的路上，刘秉忠显然怀着好奇心再访这位神童，而这一年也大约正是王恂"十三学九数，辄造其极"的时候，刘秉忠见之，自然大喜过望，以为是可造之才，于是携带王恂到邢台进一步培养。

二、郭守敬求学紫金山的时间和原因

紫金山，位于现河北省邢台市信都区白岸乡前坪村。康熙《邢台县志·山川》记述较详："（邢台）城之西南五十里为石梯山，又五里为牛家峪，翠十里为霞霭山，又二十里为栲栳红，相连为三尖五千山，又三十里为夷仪山，相连为王堡寨，又三十里为清风岭，又有山名风门，又五里为支锅石，东连桃树坪，南二十里为路罗川岭，又东连龙门山，南十五里为夫子岩……自夫子岩八里为庄儿角，偏东为紫金山。"紫金山远离蒙古统治者控制的中心城市邢州城，而且这一带适于耕牧，又有牛家峪、王堡寨、桃树坪等山村，具备一部分人于多难之秋在这里耕牧苟生的自然条件。另据清代各朝邢台地理志所载，在紫金山西北三里的庄儿角，旧有边墙、水门、铁门、箭楼、官厅、营房；角北八里的夫子岩，旧亦有墩台、石墙；紫金山西南三四里许，有货郎神口，并设有官厅、营房等。说明这一地区，历来就是乱世之民避难和地方武装据地自守的理想场所。在元代，这里建有规模较大的书院——紫金山书院，是我国数学、天文、历法的重要发祥地之一，培养出了郭守敬、刘秉忠、张文谦、王恂等一批在我国科学文化领域颇有建树并在历史上占有重要地位的旷世奇才。

关于郭守敬师从刘秉忠学于紫金山的时间，可从两个人的年龄和相关记载中获知一二。

刘秉忠生于1216年，郭守敬生于1231年，郭守敬比刘秉忠小15岁。据查，1223年，刘秉忠八岁时入小学，与张文谦"同研习"；1228年，为质子于蒙古邢州都元帅府；1232年，为邢州节度使府令史；1238年，出家隐居于武安之清化；不久，又于该年入邢州天宁寺为僧。在这一段时间内，刘秉忠逐渐长大成人。从1228年起，他长期或为质、或为吏于蒙古设于邢州的官府，郁郁不得志，丧母后，又从释为僧。因此在这以前，郭守敬不大可能从刘秉忠学于邢西紫金山。

1239年，刘秉忠离邢赴云中，居于南唐寺。直到1242年，他复应海云禅师之邀，北上入居忽必烈宫邸。在这三四年间，郭守敬也不可能从刘秉忠学于邢西紫金山。此后，刘秉忠备受忽必烈的信任，长期不离其左右，先后居住在和林、上都、大都等地。其间有资料可知的，只有1247年6月至1248年年底这一年多时间，他从漠北返回邢州为父守孝。郭守敬从刘秉忠学于紫金山的时间，当是在这一段时间的事。在1247年春，郭守敬在邢台居留了约一年半的时间，这也是他到刘秉忠处深造的时间。因此，可以得出结论：在1247年春至1249年之前郭守敬跟随刘秉忠学习。

在许多史籍中，都说刘秉忠、张文谦、张易、王恂和郭守敬同学于紫金山。这一说法不准确。因为按年龄排序，张文谦生于1215年，比刘秉忠小一岁。他"自入小学，与太保刘公秉忠同研习，年相若，志相得"。他们二人同学于紫金山，当是在幼年时候的事情。1247—1248年，郭守敬从刘秉忠学于紫金山的时候，张文谦已被刘秉忠推荐进入忽必烈宫邸，他们三人是不可能在这时同学于紫金山的。至于张易，因生年及青少年时代的情况不可详考，和刘秉忠、张文谦同学于紫金山的时间也不详。但从他和刘秉忠的关系及中统前后他所担任的职务和活动情况看，其年龄、阅历当和刘秉忠、张文谦相当，因此他们三人应为同代人，其同学于紫金山，或许是在幼年时候的事情。王恂生于1235年，比郭守敬小4岁，郭、王二人是同代人。根据《元朝名臣事略·太史王文肃公》载，王恂自幼聪慧，被刘秉忠在"取道中山，访求一时之俊"时所发现，"欲为大就之"。之后郭守敬就把王恂带回邢台，教之于紫金山。从中可知，王恂、郭守敬二人是同学，是师从刘秉忠学于紫金山的。

也正是在郭守敬紫金山求学后，刘秉忠与好友张文谦联名上书忽必烈，建议以邢州为试点，选派良吏前往治理。1251年,"廉平方正"的李惟简、张耕、刘肃被派到邢州,开始了以汉法试治邢州的改革。在这个过程中,张耕、刘肃让年仅21岁的郭守敬担起重任,治理邢州城北潦水、达活泉、野狐泉三条河流。正是由于刘秉忠的推荐,使得初来乍到的张耕、刘肃能够大胆起用年轻的郭守敬,让他负责三水治理的规划设计和现场指挥工作。因此,郭守敬在邢州治水项目中得以施展他的治水才能,并成功地完成了邢州治水的工作。

关于郭守敬等求学于紫金山的原因可能有二。

其一是北方连年战乱,需要一个安全、僻静之所。1213年春到1214年春,成吉思汗亲率三路大军南征,席卷金统治下的黄河以北各府路州县,打破了华北地区的平静。之后,蒙古军队不断南下,金朝原来委派到各地的官吏,在这种情况下或叛金降蒙,或弃职逃走。各地的地主武装纷纷兴起,他们割据一方,在金、蒙间或降或叛,互相攻战,从而使华北地区的社会生产遭到了极大的破坏。1234年,蒙古灭金,其在华北地区的军事统治开始趋向巩固。

对于当时邢州的情况,元平章事宋子贞在《改邢州为顺德府记》中曾有具体的描述:"邢州九县,为户凡一万五千,皆属达剌罕部,每城达鲁花赤一员,译言监视之人也。其人武弁,不习吏事,重以求取为念。故奸吏乘之,肆为朘割,始于贫民下户,次则中人富家,末则权豪势要,剥肤椎髓,惟恐不竭。至无所与取,则求贷于贾胡,以供日用。累息既多,乃责民以偿之,束缚笞榜,无所不至,百姓始大骇,散而之四方矣。千里萧条,为之一空,城中才百余家,皆以土塞门,穴地出入,望见单马,则匿至丛薄间……为官吏者,亦昼伏夜出,以理诉牒,人谓之鬼㝛,甚者或弃印而去。"在这种情况下,邢州百姓因不堪忍受压迫和剥削,或揭竿而起进行反抗,或逃离躲避以求苟安。于是邢州的广大山区,其中包括紫金山地区,就成了当时"贫民下户"乃至一些"中人富家""权贵势要"的重要避难场所。

刘秉忠、张文谦、郭守敬等人的家庭,或世代为官、社会地位较高,或经济条件优越、文化素养较高。刘秉忠"累世衣冠",其祖父为金末时期邢州节度副使。蒙古木华黎1220年攻占邢州后,其父刘润又曾入蒙古邢州都元帅府为都统。张文谦为邢州沙河人,其父金末为邢州军资库使；其妻刘氏，亦为前邢州节度副使之女。1238年，张文谦较早地参加了蒙古"戊戌试"，得中选，获得了免除赋税徭役的优待。郭守敬的家世情况不详，但从其祖父号"鸳水翁"来看，其在社会上的地位也很高。这样的家庭一般都十分重视对子女的教育。他们在蒙古统治者入主中原后和蒙古当权者发生了联系并受到一定的优待和保护。因此在当时的历史条件下，类似这样的家族一方面注意在官场上和蒙古当政者周旋应付，另一方面又让自己的妻女老小避居在深山堡寨之中，并在仅有的条件下让子女求学读书，这当是可以理解和不得已的事情。

其二是当时郭守敬年仅十七八岁，随着他不断成长与学识的增加，年老的郭荣显然感到他对郭守敬的教育已经力不从心了。因此，物色一位学识更为渊博的老师继续锻造郭守敬这一可造之才势在必行。郭荣明智地作出了抉择，将郭守敬送到他志同道合的忘年之交刘秉忠处继续深造。

第三章 科技实践中体现的科学精神与科学思想

第一节 郭守敬一生简述

郭守敬由祖父郭荣抚养成人。在郭荣的培养下，郭守敬从小勤奋好学，在少年时代就具有很强的动手能力。

郭守敬精通五经，熟知天文、算学，擅长水利技术。忽必烈的重要谋士、学者刘秉忠因居父丧，于邢台西南的紫金山中结庐读书，郭荣将少年郭守敬送到刘秉忠门下深造。刘秉忠精通经学和天文学，郭守敬在他那里获得了颇多的教益。1251年，刘秉忠被当时总领漠南汉地事务的忽必烈召入幕下，并在离开邢台时把郭守敬介绍给了张文谦。

郭守敬成年不久，受命到邢台一带开展整治开挖水流河道的工作，他主要负责工程的规划设计。郭守敬根据家传学问和调查勘测结果，很快就弄清了因战乱而被破坏的河道系统，并在张文谦的指导下开展河工水利工作。

中统元年（1260年），忽必烈在开平府即位，命张文谦到大名路等地担任宣抚司长官，郭守敬跟随张文谦一同前往学习、工作。在宣抚司工作期间，郭守敬充分利用自己的专业知识和技能，开展了大量的河道水利调查勘测工作。他不仅认真研究了大名路一带的河道情况，还对当地的降雨量、水位变化等数据进行了深入分析。通过这些细致的工作，郭守敬为当地的水利治理提供了有力依据，也为后来水利工程的建设奠定了坚实基础。

除了在河道水利方面取得显著成绩，郭守敬还在时钟制造方面展现出了非凡的才华。他发明了一种叫作"宝山漏"的时钟。这种时钟的制造技术十分精湛，不仅具有很高的精度，而且在实际应用中也具有很强的实用性。与当时其他类型的时钟相比，宝山漏具有更加美观、实用的特点。它的出现极大地改进了当时人们的时间观念和计时方式，为社会的发展和进步作出了贡献。

1262年，郭守敬因张文谦的推荐被忽必烈召见，他提出了六条关于水利的建议，得到了忽必烈的赞赏，被任命为提举诸路河渠，掌管各地河渠的整修和管理工作。1263年，他被授予银符，升为副河渠使。至元元年（1264年），郭守敬与唆脱颜前往西夏故地视察河渠水道，并在张文谦的领导和支持下，修浚了唐来、汉延等古渠，更立闸堰，使当地的农田得到灌溉，受到西夏百姓的爱戴。1265年，他升任都水少监。1275年，丞相伯颜南征，命郭守敬视察河北、山东一带可通舟行船的地方，并绘图奏报。

1276年，都水监并入工部，郭守敬任工部郎中。同年，根据刘秉忠生前的建议，忽必烈命许衡"领太史院事"，郭守敬与王恂为副，研订新历。郭守敬等率南北日官进行实测，提出了"历之本在于测验，而测验之器莫先仪表"的正确主张。1279年，太史局扩建为太史院，王恂任太史令，郭守敬任同知太史院事。同年，在郭守敬的领导下开展了全国范围的天文测量，后世称之为"四海测验"。1280年，《授时历》完成，制历工作结束,此书为中国历史上一部精良的历法。1281年,王恂去世,郭守敬承担太史院的全部工作,同时陆续整理成《推步》《立成》等多部著作。1286年,郭守敬升任太史令。

1291年,有人提出利用滦河和浑河溯流而上,作为向上都运粮的渠道。然而,郭守敬经过实地勘查后发现这个建议不切实际。他在报告调查结果时,提出了包括大都运河新方案在内的一系列新建议。忽必烈非常高兴,特别重置都水监,任命郭守敬为领都水监事。1292年春,运河工程正式动工。忽必烈命丞相以下官员到工地劳动,并由郭守敬指挥。这反映了忽必烈对这条运河的重视程度。

郭守敬主持并开辟了大都(今北京市)的白浮堰,并开凿了通惠河,这是大运河最北的一段。他根据地形地貌解决了通惠河的水源问题,同时在运河中设置了闸坝和斗门,解决了河水的水量和水位问题。

1293年7月,通惠河修建完成。当忽必烈从上都回到大都,经过积水潭时,看到其上"舳舻蔽水",非常高兴,遂命名为"通惠河",并命郭守敬仍以太史令职兼提调通惠河漕运事。

1294年，郭守敬被任命为昭文馆大学士，并同时负责管理太史院的事务。

大德二年（1298年），有人提议在上都西北的铁幡竿岭下，开出一条宣泄山洪的渠道，向南通往滦河。元成宗铁穆耳召郭守敬到上都商议。郭守敬根据实地考察和历年山洪资料，提出这条宣泄山洪的渠道宽度需要达到五十步至七十步（80~115米）。然而，经办此事的人认为，郭守敬的方案夸大了山洪的规模，就将渠道的宽度缩小了三分之一。然而，次年山洪暴发时，由于渠道过窄，洪水无法及时排泄，泛滥成灾，甚至差点冲及成宗的住所。成宗在避水时深感惋惜地说道："郭太史真是神人啊，可惜我们没有听他的话！"

大德七年（1303年），元成宗颁布法令，规定年满70岁的官员均可退休，唯独郭守敬被留在原职，不准退休，原因是他在天文领域的突出贡献对朝廷有着至关重要的作用。此举开创了一个先例，即太史院的天文官可不退休。

然而，元成宗之后，元朝政权逐渐衰败，统治集团内部矛盾加剧，社会生活变得奢侈糜烂。在这种背景下，郭守敬的创造性活动受到了极大的限制。尽管他在当时享有越来越高的声誉，但相比之下，他晚年的创造性活动相对较少。

元仁宗延祐三年（1316年），郭守敬逝世，享年86岁。他的逝世标志着中国天文学发展中的一个重要阶段的结束。尽管他在生前受到了一些限制，但他的工作成果对后世天文学的发展产生了深远影响，他的贡献被永远铭记在史册上。

第二节　求真与务实

一、精简实用的仪器制作

郭守敬是一位世界闻名的天文学家、历法专家，为了取得精确的天文数据，以便为《授时历》的历法修订打下坚实基础，他认为"历之本在于测验，而测验之器莫先仪表"，为此他创制了12件天文台上使用的仪器、4件可携带至野外观测用的仪器，包括简仪、高表、候极仪、浑天象、玲珑仪、仰仪、立运仪、证理仪、景符、窥几、日月食仪及星晷定时仪等。他是一位名副其实的仪器制造专家，其中简仪和高表是最重大的创造。

(一) 世界上最早的大赤道仪——简仪

简仪是郭守敬设计并制作的最重要的天文仪器之一（图3-1）。作为一种大型仪器，它可以测量天体的赤道坐标、地平坐标和真太阳时。在郭守敬之前，这些测量功能是由传统的浑仪完成的。

传统浑仪的发明可以追溯到汉代，它的基本特征是将诸多环圈（如赤道环、黄道环、地平环、白道环等）同心安置，并使用窥管作为瞄准天体的重要器具。然而，这种结构存在着许多固有的缺陷。首先，技术上实现诸多环圈的同心安置相当困难。其次，多环圈的设置导致传统浑仪在运转时受限，从而产生遮掩问题。最后，窥管口径过大会造成照准的不确定性等问题。

简仪作为一种创新的天文仪器，克服了传统浑仪的诸多弊端，实现了多功能、简便和准确的测量。这使简仪成为天文观测领域的一种重要工具，对于科学研究和技术发展具有深远的影响。

图3-1 简仪

(拍摄于邢台郭守敬纪念馆)

1.简仪的基本构成与特点

(1) 简仪底座及支撑结构。

简仪的底座有四个方角,称为"趺",纵向长度为一丈八尺,宽度为长度的三分之二。趺上部宽六寸,底部宽八寸,厚度与上宽相同。趺的中央设有三根纵軌和三根横軌,南边的两根横軌分别靠近南軌,北边的一根横軌靠近中轨。趺的四周设有一寸深、一寸五分宽的水渠,与四个角落的基座相连接。水渠环绕着基座,深度和宽度均为一寸,与四周的水渠相通。卯酉方向的基座尺寸分别为宽度加宽四倍、长度加宽到宽度的三分之二，水渠设置也相同。

北极云架柱有两根，直径四寸，长一丈二尺八寸。下端设有鼇云形状，分别植于乾艮两个角落的基座上，两柱内向倾斜，与赤道面大致平行，上端连接一个环形的规。规的直径为二尺四寸，宽度为一寸五分，厚度为两倍宽度。规的中部设置一个距，两端相交形成斜十字，长度和厚度与规相同。距的中心设有一个方形孔，上宽五分，边长一寸半，下宽二寸五分，边长一寸，用于容纳北极枢轴。从云架柱斜向上的部分，离趺面七尺二寸处设有一个横輓。从横輓中心到孔中心的距离为六尺八寸。

另外，还有两根龙柱设立于卯酉基座的北部中间，以支撑北极云架柱。南极云架柱也有两根，与北极云架柱相似，同样与赤道面大致平行。南极云架柱从卯酉基座的南部中间向上，交叉成斜十字，与百刻环的边齐平，放置在辰巳和未申之间。从趺斜向上三尺八寸处设有一个横輓，用以支撑百刻环。南极云架柱下端还设有两根龙柱，分别植于坤巽两个角落的基座上，北向斜向支撑，形制与北柱相同。

简仪的底座和支柱结构稳固而简约，特别是考虑到了开阔视野的设计,而且保证了赤道式装置与地平式装置的稳固性。外形既丰富多变又庄重典雅,展现了匠心独运的设计。

(2)简仪的赤道坐标环组。

简仪的一个关键部分是它的"四游双环",这是一个由两个大圆环组成的结构,就像两个巨大的戒指一样并排放置,中间稍稍有一些距离。这两个圆环在四个特定的点(子、午、卯、酉)连接在一起,形成了一个稳固的结构。

位于子、午两个连接点的位置有两个圆形孔洞和南北极枢轴相连,就像两个轴,允许整个四游双环围绕它们旋转。

为了度量天体的位置,四游双环的内外侧都刻有度数,就像一个巨大的圆形尺子一样。在四游双环的两侧,设置有两个支架,它们的功能是稳固四游双环,并为照准装置提供支撑。

照准装置被称为"窥衡",它是一块长形的铜板,就像一个巨大的直尺。在"窥衡"的两端内侧,还有两个铜片,叫作"横耳",它们的中心都有一个小孔,小孔里面有一根细线。

观测时，旋转四游双环和窥衡，使窥衡的前后横耳小孔中的细线与所测天体位于同一平面。此时窥衡尖端在四游双环内侧所指的度数即为天体的去极度（就是距离北天极的度数，即赤纬的余度）。

简仪的另一个重要部分是"定极环"，这是一个直径约六度的小环，上面有一个斜的十字形状的支架。定极环的中心有一个小孔，直径约五厘（约1.667毫米），距离北极轴心约六寸五分，这个小孔可以用来观察北极星。

在同一直线上，距离南极轴心六寸五分的位置，有一个铜板，上面有一个直径一分的圆孔。这样，当你通过这两个小孔观察北极星时，如果北极星正好在两个小孔的连线方向上，那就证明简仪的南北枢轴已经正确安置；如果不在，那就需要适当调整南北枢轴的方向。这样，简仪的南北枢轴就能保持在正确的方向上，这对保证观测的准确性是至关重要的。

简仪的赤道式装置是一种在中国古代天文学史上具有重要意义的天文观测仪器，它将传统的浑仪设计与赤道仪结合在一起，实现了对天体赤经赤纬的直接测量。简仪赤道式装置的设计不仅精巧实用，而且为后世的天文观测提供了一个实用的参考。

简仪的四游双环继承了浑仪的传统形状，并加以巧妙地应用。与传统的浑仪相比，简仪赤道式装置的设计特点主要体现在：①虚拟化窥管。将传统的窥管虚拟化，用扁长形铜条两头的横耳小孔替代窥管的两端孔。这样的设计既简便又节省材料，安装和使用起来也更加方便。②统一赤纬与去极度。将测量天体的赤纬与去极度统一起来，使得观测者可以直接读取周天度数，无须再进行赤纬与去极度的换算。

（3）简仪的地平坐标环组（立运仪）。

简仪地平式装置也叫立运仪。这个地平仪器由阴纬环和立运环组成。立运环的侧面刻有周天度数，与四游双环略有不同。立运环内只有一个穿过环心的支架，窥衡安置在该支架的中心。转动立运环并用窥衡瞄准天体，可以在立运环上读出天体的地平高度值；转动界衡瞄准天体，可以在阴纬环上读出天体的地平方位。

这个地平式装置是中国古代首个独立用于测量天体地平坐标值的仪器。它与赤道式装置同样具有安装简便、运转灵活和瞄准精确的特点。地平式装置与赤道式装置安装在一起，占据赤道式装置空间的一隅，这是节省空间的巧妙设计。然而，地平式装置的视野远不如赤道式装置开阔，这是一个缺点。

简仪中的四游双环、赤道环和立运环的周天刻度采用中国传统的365又1/4度制，每度间细分为10个分划。据记载，郭守敬当年用简仪测量的二十八宿赤道距度，如角宿、女宿和虚宿等，显示郭守敬将1度设为10分，简仪的读数精度可达到5分。简仪上的一个分划为10分，估计读数时可达到半个分划，因此读数精度为5分（1/20度）。

四游双环的直径约为1470毫米（6尺），一个分划的间距约为1.3毫米，从而估计到半个分划是可行的。相比之下，宋代巨型浑仪的尺度虽大，但每度间仅细分为4个分划，读数精度仅达到1/4度。简仪的读数精度较之浑仪提高了5倍，这是简仪的又一个重要革新。

简仪地平式装置（立运仪）的创新之处表现在其独立的地平坐标测量功能和较高的读数精度上。与传统巨型浑仪相比，简仪在尺寸、分度和测量精度方面均有显著提高。此外，简仪地平式装置与赤道式装置相结合，巧妙地利用有限的空间，实现了多功能的观测需求。

然而，简仪地平式装置（立运仪）仍然存在一些局限性，如视野相对较窄。尽管如此，这一装置在古代天文观测领域的地位及其对后世的影响仍不容小觑，是一种具有创新和实用价值的古代天文观测仪器。它在地平坐标测量、读数精度和空间利用方面的优势体现了古代天文学家对天文观测和仪器发展的深入理解和不断探索。虽然存在一些局限性，但简仪地平式装置仍然是郭守敬为后世天文学的发展留下的宝贵遗产，展示了古代天文学家的智慧和创新精神。

2.简仪的历史地位与价值

简仪赤道式装置是一种具有重要历史地位与价值的中国古代天文仪器。它将传统的浑仪设计与赤道仪结合在一起，实现了对天体的直接赤经赤纬测量，为后世的天文观测提供了一个实用的参考，这比丹麦天文学家第谷在1598年造出的使用赤道坐标环组的仪器早了300多年。简仪赤道式装置的设计精巧实用，体现了中国古代天文学家的智慧与创造力，为天文观测技术的发展作出了重要贡献，对近代和现代仪器的研究与制造具有巨大和深远的影响。如近代进行工程测量、地形测量和实用天文测量所用的经纬仪，航空导航用的天文罗盘，它们的方位角和仰角度地平装置与简仪属于同一类型。美国研制的现代大型望远镜的赤道装置，也可以看出借鉴了简仪的设计理念。

（1）简仪赤道式装置的特点。

结合传统与创新，简仪赤道式装置融合了浑仪与赤道仪的设计理念，不仅继承了传统天文仪器的优点，还引入了创新元素，使仪器更加实用和精确。

简仪精巧实用的设计，既节省了材料，又便于安装和使用。虚拟化窥管和统一赤纬与去极度的设计思路体现了中国古代天文学家的智慧和创造力。

（2）简仪对后世天文仪器设计的影响。

①精确度的提高。简仪采用了细分度数的刻度，使其读数精度达到5分（1/20度），相较于当时的巨型浑仪提高了5倍。这一改进对后世天文仪器的精确度产生了积极的推动作用。

②多功能性设计。简仪将赤道式装置和地平式装置结合在一起，实现了多功能的观测需求。这种设计

理念对后世天文仪器的发展产生了深远影响,促使天文学家不断探索多功能、高效的观测仪器。

③空间利用。简仪巧妙地利用有限的空间,将地平式装置与赤道式装置安装在一起。这种空间利用的设计思路为后世天文仪器的研发提供了借鉴和启示。

3. 简仪设计者的科学思想

简仪是郭守敬在中国古代天文学领域的重要创新之一,其设计理念和实际应用充分体现了郭守敬的科学思想和科学创新精神。

(1)尊重传统,勇于创新。

郭守敬在设计简仪时,充分借鉴了传统浑仪的结构和功能,同时结合赤道仪的观测原理,实现了直接进行赤经、赤纬测量的创新。这体现了他在尊重传统的基础上,勇于进行创新尝试的科学精神。

(2)寻求简单实用的方法。

简仪赤道式装置以其精巧的设计和实用的功能脱颖而出。郭守敬通过虚拟化窥管和统一赤纬与去极度等设计思路,简化了仪器的结构,提高了观测的便捷性和准确性。这表现出他追求简单、实用解决方案的科学思想。

(3) 注重实践与实证。

郭守敬的简仪不仅在理论上勇于创新，而且在实践中得到了验证和应用。通过实际观测，郭守敬证明了简仪赤道式装置在天文观测领域的可行性和高效性，这反映了他强调实践和实证的科学精神。

(4) 激励后学，推动发展。

简仪的设计体现了传统与创新结合的理念，为天文观测技术的发展提供了宝贵的经验，展示了古代天文学家的智慧和创新精神。这种精神对后世的天文学家产生了激励作用，也推动了天文学和天文仪器的发展和进步。

(二) 我国古代的计时"名表"——圭表、景符与窥几

圭表、景符与窥几看似是三种独立的仪器，实际上它们之间存在着密切的联系。圭表与景符、圭表与窥几的结合形成了一种相辅相成、不可分离的仪器组合，有效地实现了一仪多用的设计理念。与庞大的圭表相比，景符与窥几具有更为轻便的特点，它们的巧

妙设计对提高测量精度发挥了关键性作用。正是这两种灵活实用的仪器，将简便与准确性有效地结合在一起。

1. 用于日影测量的圭表

（1）圭表的原理与制作。

圭表是中国古代科学家发明的度量日影长度的一种天文仪器，由两个部分组成，即"圭"和"表"。所谓"表"就是直立在地面上的标杆，用于投射地面的日影；而"圭"就是刻板，用于测量表所投影出来的日影的长度。二者以直角相接构成了我国最早的天文观测仪器——圭表（图3-2）。

早在周朝时期，周公旦在河南登封（经度113°E、34°N）"垒土为圭，立木为表，测日影，定四时"，通过观测一年中每天正午投在地上的影子长度变化来测量二十四节气。

图3-2 圭表
（拍摄于邢台市达活泉公园）

那么它的科学原理是什

么呢？由于地球公转时，太阳直射点会在赤道的南北移动，那么同一地点正午的表影长度在一年之内就会出现周期性的变化，由此根据表影长度的变化规律，就可以确定二十四节气。

郭守敬制作的圭表（高表）是用石头制成的，长128尺，宽4尺5寸，厚1尺4寸。它的底座高2尺6寸。在南北两端，有两个水池，直径1尺5寸，深2寸。

高表的上部有一块长50尺、宽2尺4寸的木板，称为"表"。它的下端14尺深埋在石座中，上端高出地面36尺。表的顶端两侧雕刻有龙形装饰，表的上半身支撑着横梁，横梁的中心到表顶的距离是4尺，从横梁中心到圭面的距离是40尺。

横梁长6尺，直径3寸，上面有一个水渠以保持横梁水平。横梁的两端和中间都有横窍，窍内横贯有铁钉，系有线，线的中部挂有锤，用以保持垂直，并防止横梁倾斜。

设计初期，为了能尽快投入使用，郭守敬制作的高表是木制的。后来，在建成太史院后，他改用铜铸高表，使其更加耐用。铜表和木表的形制和尺寸都是相同的。

郭守敬的这一设计非常独特，科学合理。它比传统的木制高表更具有虚拟化的特点，也更为稳固。在调整横梁中心处于水平状态或在测定横梁中心到圭面的垂直距离时，比木表更为方便，因为操作者可以在台顶上进行操作，而木表需要攀梯进行调整。此外，铜表可以更容易和准确地确定圭面的零点，这是木表无法比拟的。在台顶面上还可以设置测量时间用的漏刻等仪器，进一步增强了整个仪器的实用价值。

1279年，郭守敬在河南登封的告成镇设计并建造了一座测影台——河南登封观星台，它是中国现存最早的古代天文台。它采用城墙式的高表与石圭，表高9.46米，上有小室，总高12.62米。台底四边长16米多，台顶呈方形，每边长8米多。石圭长31.19米（128尺），置于砖砌基座上。高表设计与木表相似，但更为稳固，调整横梁更加方便。此外，台顶还可设置漏刻等仪器，增加了实用价值。这一实例展示了郭守敬高表的实际应用，对于当时的天文观测和地理测量都具有重要意义。

(2) 圭表设计者的科学精神。

①立足实用性的创新精神。郭守敬在设计高表时，始终以实用性和观测效果为出发点。他通过对传统圭表进行改进，采用独特的结构和材料，使观测更加方便、准确。这种实用主义和创新精神使他的设计在当时的天文观测领域取得了卓越成就。

②注重严谨性和精确性。郭守敬的高表设计充分考虑了测量准确性和设备稳定性。高表、横梁和圭面的尺寸精确到分，采用锤线取正和水池、水渠保持水平等技术手段，确保测量结果的准确性。这种对测量精度的追求体现了郭守敬严谨的科学态度。

③追求系统性和完整性。郭守敬的高表设计不仅关注单个观测设备，还关注整个观测系统的完整性。他在太史院建立了完善的天文观测设备体系，包括木表、铜表和城墙式高表等多种类型的圭表，以满足不同环境和需求。这种系统性思维和全面性视角都有助于提高观测结果的科学性和可靠性。

④体现求真务实精神。郭守敬制作高表的初衷是满足授时历的需求，因此他始终把实际应用放在首位。从最初的木制高表到后来的铜铸高表，以及最后的城

墙式高表和石圭，郭守敬不断改进设计和制造工艺，以满足实际观测需求。这种求真务实的态度为他丰硕的科学成果奠定了坚实基础。

⑤尊重和发扬传统。郭守敬在设计高表时，充分吸收了前代圭表的优点，如按尺寸分刻度、用水池和水渠保证水平等传统方法。在此基础上，他又加入了自己的创新设计，使圭表的性能得到显著提升。这种在继承传统的基础上进行创新和发展的精神，是郭守敬科学思想的重要体现。

2. 与圭表配合使用的景符

（1）景符设计的原理。

圭表在中国古代天文仪器中占有举足轻重的地位，传统圭表的表高通常为8尺。然而，在漫长的日影测量实践中，观测者们发现，由于日光散射的影响，表端的日影模糊不清，这种现象一直阻碍着日影测量精度的提升，给许多观测者带来困扰。

直到宋神宗熙宁七年（1074年），沈括在《景表议》中提出了他关于圭表的新设计，这一设计主要包含两个要点。第一，是将8尺铜表及其圭面放置在密室中，以提高表端日影的黑白对比度，进而提高表端日影的清晰度；第二，是设计了一具可在圭面中线上轻便移动的小铜表，观测时使小铜表的尖锐顶线与8尺表端日光射线相切，从而达到提高表端日影清晰度的目的。

宋哲宗元祐七年（1092年），苏颂和韩公廉在所制作的水运仪象台的上部，设置了浑仪。他们巧妙地将望筒中心的高度视为表高，并设计了一种通过望筒照准太阳，将投射到圭面圆象中心的日光作为当日影长度的测量方法。这一设计避开了传统8尺表端晷影模糊不清的问题，实现了晷影测量的精准度提升。

郭守敬受到了沈括、苏颂与韩公廉关于圭表新设计思想的启示，将圭表的设计提升到了一个新高度，创制了景符。景符不仅使传统的8尺表增高到4丈成为可能，而且还完全克服了表端晷影模糊不清的问题，为晷影测量精度大幅度的提高铺平了道路。

景符由一个2寸见方的框子和一片4寸长、2寸宽的铜叶组成，铜叶的一边用枢纽与框子的一边连接，可以转动，铜叶的中间开一小孔（图3-3）。测影时，将景符在圭面上沿南北方向移动，转动铜叶面使其与阳光垂直，并用一小棍支撑，又令高表横梁的影子正好平分地呈现于圭面上米粒大小的太阳像圆面，此时横梁影子所指圭面上的刻度值，即为4丈高表的影长，而且是相对于太阳圆面中央的影长。

图3-3 景符
（拍摄于邢台市郭守敬纪念馆）

景符的结构简洁，操作轻便、灵活，测量结果准确、可靠。郭守敬这一创新技术的关键在于巧妙地运用了小孔成像的原理，并将高表的顶端以横梁的方式加以表示，使小孔成像的设想巧妙地得以实现。这两个设计关键点，使测影器具取得了飞跃性的进展，超越了沈括、苏颂、韩公廉等人的设计。

实际上，表高的增长可以提高测影精度，但并非无止境。随着表高的增长，测量操作的难度将逐渐增大，同时，半影原理和大气层对日光的折射和散射效应也会造成更多的误差。因此，在实际应用中，需要根据实际情况和测量需求权衡表高的选择。

郭守敬的景符设计是对圭表的一次重要改进，它结合了以往观测者们的经验和创新思维，实现了晷影测量精度的显著提高。这种创新精神和实用主义的态度，在中国古代科学史上留下了浓墨重彩的一笔，对后世产生了深远影响。

（2）追求实用的景符设计者。

郭守敬的景符设计是中国古代科学史上的一项重要成果，融合了多种科学精神和科学思想。

①实用主义。郭守敬的景符设计体现了他一贯追求实用性的科学态度，他通过解决圭表在晷影测量过程中晷影模糊不清的问题，为提高测量精度提供了有效手段。

②创新思维。郭守敬在前人研究的基础上，成功运用了小孔成像原理。这种创新思维不仅体现了他对已有技术的深刻理解，还展现了他敢于突破传统束缚、勇于开拓创新的科学精神。

③科学严谨。郭守敬在设计景符时，充分考虑了实际应用中可能遇到的问题，如大气层对日光的折射和散射效应等。他认识到表高增长可以提高测影精度，

但并非无止境。这种对实际问题的关注和对科学精度的追求，体现了他严谨的科学态度。

④尊重学术传统。郭守敬在设计景符时，吸收了沈括、苏颂、韩公廉等前人的理论成果和实践经验，充分体现了他尊重学术传统和积极吸纳前人成果的科学态度。这种精神有利于科学知识的传承和发展。

⑤探索精神。郭守敬在设计景符过程中，克服了各种困难，坚持不懈地学习和实践，这种不断探索、勇攀科学高峰的精神，令人敬佩。

3.用于夜间观测的窥几

窥几是一种特殊的观测仪器，形状类似一张带有长方形缺口的桌子。在缺口的两侧，标有刻度线。在缺口上方，放置两根带有刀口的小木条，称为"窥限"（图3-4）。

在夜间观测时，观测者将窥几放置在圭面上，并沿南北方向移动。观测者站在窥几下方，移动几面上的"窥限"，使其刀口与高表横梁的上下边缘以及所观测的天体成一条直线。然后，在几面上读取两根"窥限"的刻度数并取中点，继而用铅垂线读取圭面上的圭长值，得到天体的"影长"值，就可以通过数学方法计算出天体南中❶时的地平高度角。

图3-4 窥几
（拍摄于邢台市郭守敬纪念馆）

以北京为例，冬至时40尺高表的晷影长度约为80尺。然而，设计的圭长为128尺，实际可用于测影的圭长为120尺。如此多的余量是否说明它并非仅用于测量晷影长度值呢？圭长128尺确实也不仅用于测算月亮的地平高度，其实它还可以用于测算地平高度更低的恒星。我们可以估算出使用窥几可能测量的最低恒星地平高度角约为17.4°❷。

---

❶ 天体南中：天体经过观测者正南方达到天空中最高点的现象。

❷ 根据$\arctan(40/128)≈17.4°$得出。

这表明，郭守敬的高表设计旨在测量晷影、计算月亮地平高度和地平高度不低于约16.7°的恒星地平高度。换句话说，郭守敬创造了高表、景符和窥几，突破了传统圭表仅用于测量晷影的局限，使其成为一种既能测量晷影又能计算月亮和恒星地平高度角的仪器，体现了一器多能的设计，而这种追求综合效果的设计思想将反复出现在郭守敬的科学实践中。

（三）观测日食的"善器"——仰仪

仰仪是中国古代观测天文现象的一种仪器，其设计巧妙地利用了小孔成像的原理，功能多样，简便易用。《仰仪铭》中曾详细描述了仰仪的形制、尺寸与原理。仰仪的外形是一个中空的半球，形似铜釜，直径约为3米，釜口向上，平放嵌入砖砌的台座中。在釜口的沿上凿有环形水渠，用以校正釜口平面使之处于水平状态。南端有两根十字相交的竿子，顶端托着一个位于半球中心的璇玑板，可以朝东西和南北转动。仰仪的内壁绘有周天度、十二辰位等天文坐标网格。仰仪最精妙的就是这个璇玑板，观测时，利用璇玑板中心的小孔可以把太阳光生成针孔小圆像，投射到内壁的赤道坐标网上，由于赤道网上标出了时刻，所以能直接读出太阳的赤纬值与当地真太阳时刻了。仰仪所设定的半个天球及其赤道坐标网格等，正好是地平上半个天球及其赤道坐标网格等的倒影（图3-5）。

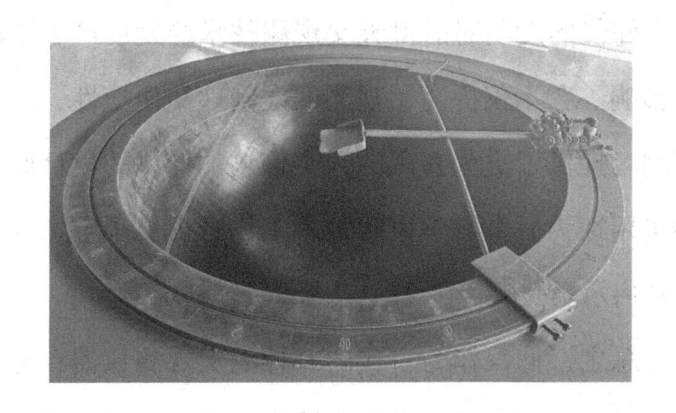

图 3-5 仰仪

（拍摄于邢台市郭守敬纪念馆）

  仰仪不仅可以观测太阳，还可以观测日食等天文现象，实际上成为检验交会的日月食仪。运用仰仪观测日食时，食相可以连续在仰仪内壁成像，由此可以测定日食的初亏、食甚、复圆等的时刻与方位，以及食分的大小等。实际上，运用仰仪观测月食也可以达到类似的效果。用仰仪观测日食，还能避免直接观测太阳伤害眼睛，也是其设计的巧妙之一。

仰仪的设计充分体现了郭守敬的科学精神和创新精神。它突破了传统观测仪器的局限，将多种功能集于一身，实现了一仪多用的目标。仰仪的操作简便，易于掌握，且观测结果直观明了。

仰仪的发明对后世天文观测技术的发展产生了深远影响。它不仅提高了观测的准确性和便捷性，还为观测者提供了更为直观的天文信息。仰仪的设计原理和实用性为后世科学家和技术工作者提供了宝贵的借鉴和启示。

总之，仰仪作为古代的一种天文观测仪器，凭借其多功能、简便易用和直观明了的特点，成为了天文学史上一项重要的创新成果。它不仅体现了郭守敬的科学思想和创新精神，也为后世科学技术的发展奠定了坚实的基础。

（四）用于天象演示的仪器——玲珑仪、证理仪、日月食仪

玲珑仪是郭守敬为测定《授时历》所需的基本天文数据而创制并使用的一台仪器。根据元代杨恒的《玲珑仪铭》所载，玲珑仪应该是一个中空的球形仪

器，球体上面刻着经纬交错的赤道坐标网格。同时，球面上有全天星官布列，并在相应位置上镂有小孔（图3-6）。这个仪器是露天放置的，这样当外部光线从小孔进入球体内，内部的观测者即可见星光点点，使全天星官呈现眼前。这个仪器甚至可以在水力的驱动下，绕着极轴自动旋转，且与天体的运转同步，以模拟真实的天体运动。人们不仅可以从外面看，还可以从内部观察。当你在球体内部观察时，玲珑仪可以演示天体运行的情况。

图3-6 玲珑仪
（拍摄于邢台市郭守敬纪念馆）

　　因为没有实物遗存传世，古书中关于玲珑仪的文字描述又比较少，所以关于它的用处，中外学者历来众说纷纭，主要观点有两种：主张其是传统浑仪的"浑仪说"和主张用于表演的"假天仪说"。关于玲珑仪，郭守敬当年的下属、太史院校书郎杨桓曾写过一篇铭文；明代叶子奇的《草木子》中也有一段关于玲珑仪的记载。中国科学院自然科学史研究所陈美东先生认为，当人居于圆球中心观察时，玲珑仪确实具有假天仪的功能；而若在外观察，玲珑仪则与浑象相似；非但如此，当人居于圆球内观测时，还可测到太阳或月亮所在的位置，由圆球上的坐标网格直接读出它们的赤道坐标值。这些也正是玲珑仪多功能性的具体体现，再次反映了郭守敬天文仪器设计思想的一大特色。

浑象是一个天球仪，它的球体上绘制有经纬度网格、黄道，还有一个可以移动的白道。这个球体半隐藏在一个方形的柜子里，可以自动旋转，模拟天体的运动。这个仪器在郭守敬的手中得到了创新，他在球体上标出了恒星的赤道坐标，使我们可以直接从浑象上读取恒星的赤道和黄道坐标。

《元史·郭守敬传》有"日有中道，月有九行，（郭）守敬一之，作证理仪"。"中道"就是太阳视运行的轨道，也就是黄道；"月有九行"，是说汉代学者认为月亮运行有九种不同的轨道。郭守敬研制证理仪，应当是用于演示日月运动状况的仪器，既证明太阳行于黄道之理，又证明月亮运行并非有九种不同的轨道，而是沿着一个叫作白道的路径运动。证理仪也就是证明此理的仪器。

此外,《元史·郭守敬传》中说"历法之验,在于交会,作日月食仪",说明日月食仪是演示日月交食现象及其原理的仪器。可惜的是,关于证理仪和日月食仪的具体结构,却都没有进一步的史料可供详考了。

这些仪器的创造再次显示了郭守敬对天文学的深入理解和创新精神。他不仅改进了传统的天文仪器,而且还设计出了一些全新的仪器,为人们观察和理解天体运动提供了方便。这体现了郭守敬在天文学领域的实用主义思想、持续创新的精神、追求精准的态度及推广科学知识的决心。

实用主义思想。郭守敬的仪器设计始终以实用为主,他设计的玲珑仪、证理仪、日月食仪都是为了解决实际的天文学问题和需求,如考察星官的位置,演示太阳和月亮的运动,以及显示日月交食的现象等。

持续创新的精神。郭守敬的仪器设计充满了创新,他不满足于模仿传统的天文仪器,而是在前人研究的基础上进行改进和创新,如他设计的玲珑仪就是对传统浑仪的一次重大改进。

追求精准的态度。郭守敬在设计仪器时注重精度，如他在玲珑仪上标出了恒星的赤道坐标，使我们可以直接从玲珑仪上读取恒星的赤道和黄道坐标。

推广科学知识的决心。郭守敬的仪器不仅用于科学研究，也用于普及天文学知识，如他设计的证理仪和日月食仪就可以直观地演示太阳和月亮的运动及日食和月食的现象，使普通人也能理解这些天文学原理。

（五）古老的计时仪器

郭守敬在设计和制造计时仪器方面，充分运用了时间匀速流逝的自然规律，设计出相应的实现机制。为适应不同的使用场景，他设计了包括丸表、赤道式日晷、星晷定时仪、宝山漏、行漏、大明殿灯漏、柜香漏与屏风香漏等10余种计时仪器，这些仪器的设计充分体现出简便、实用、自动化与艺术性相结合的特点。

1.光学计时仪器

（1）丸表。

丸表是郭守敬为进行"四海测验"而设计的仪

器。尽管史书中没有明确记载其具体结构，但有学者（山田庆儿）根据名称推测丸表可能是一种携带式半球面日晷。然而，这种说法并不完全符合"丸"字的含义。我国已故的天文史学家薄树人先生在《试探有关郭守敬仪器的几个悬案》一文中指出，丸表可能是一种新型的天球仪式日晷。在天球上刻有时角—赤纬坐标网，在天球赤道上有赤道环，在赤道环上设有晷针可沿环移动。当晷针移动到晷影最短或与时角线重合时，晷针所指就是当地的真太阳时。此仪器可根据不同观测地点的纬度调节极轴，方便四方观测者使用。

（2）赤道式日晷与星晷定时仪。

《元史·天文志》上说"天有赤道，轮以当之，两极低昂，标以指之，作星晷定时仪"。据薄树人先生所论，文中"天有赤道"与"星晷定时仪"内容所指并不一致，因此认为这段文字论述是有残缺的，所缺失的部分应该是赤道式日晷的仪器名和对星晷定时仪的描述。

赤道式日晷用于测量地方真太阳时（图3-7），而星晷定时仪则是一种星盘，用于测试天体高度和时间。

这两种仪器并非由郭守敬创制，其中星晷定时仪据推测是受到了西域仪象的影响。

2. 漏刻计时仪器

在中国古代，自动化计时设备并非稀奇之物，而其中最具代表性的就是大明殿灯漏。大明殿灯漏是用于宫廷大型场合的计时仪器，将计时功能与宫廷灯光装置相融合。这一奇妙的机械装置，不仅具有精美的外观，而且还具备了高度的实用性。下面详细介绍大明殿灯漏的制作、结构与功能。

图3-7 赤道日晷
（拍摄于邢台市郭守敬纪念馆）

大明殿灯漏又被称为"七宝灯漏"，"七宝"指的是佛教中的金、银、琉璃、琥珀、珊瑚、玛瑙、砗磲七种宝物，也可以泛指多种宝物。灯漏是由七宝制成的，因此得名。由于这一仪器被安置在大明殿中，故又被称为"大明殿灯漏"。

大明殿灯漏是一种通过测量均匀水流量和利用均匀流水重量驱动来计时的漏刻仪器。水流驱动齿轮，齿轮驱动指示器，使指示器随着时间的推移而自动移动，其特点在于以复杂的机械传动实现自动显时。柜香漏与屏风香漏则是通过线香均匀燃烧的位移计时，火头所在位置即表示时间。这些仪器的设计充分体现了自动化与艺术性结合的特点（图3-8）。

大明殿灯漏的整体高度约为17尺，采用金属制成。其上部为一座有曲梁的支架，曲梁位于支架的顶部。在曲梁之上设有云珠、圆形的日月像以及悬珠，这些部件并非单纯的装饰品，而是灯漏的重要构件。曲梁两端设有龙首装饰，曲梁用以观察水流量的大小，保证灯漏的准确运转。在支架的中梁上，有二龙戏珠的饰物，用以检查中梁是否处于水平状态。

灯漏的主要功能是显示时间。内分四层，其中第一层演示日、月、参星与辰星的运动，其他三层则以不同的声或像的形式显示不同时刻的来临。

图3-8 大明殿灯漏
（拍摄于邢台市郭守敬纪念馆）

第一层为一个圆环，环上布列日、月、参、辰四神像，它们各自位于日、月、参、辰四天体的实际位置上。圆环每天自东向西绕赤道南北极轴旋转一周，以此演示天体运动的状况。第二层也是一个圆环，平面可能与水平面平行。圆环上均布青龙、白虎、朱雀、玄武四象，它们依次位于正东、正西、正南与正北方位。在特定时刻，四象会自动跳跃并发出铙声。第三层开有四个门洞，分别位于东、西、南、北四方。门洞内设有十二神人像，手持时辰牌。在特定时刻，相应的神人像将呈现于门洞正中。第四层其东、南、西、北四方分别设有击打钟、鼓、钲、铙的人像。在特定时刻，四种乐器会依次发声，以报时。

郭守敬设计的大明殿灯漏是对唐宋以来，特别是北宋相关天文仪器中自动报时装置的继承与发展。它不仅以更多样的声像形式来报时，更重要的是突出了计时、报时功能，而将演示天体运动的功能作为附属。大明殿灯漏将自动报时装置从作为其他天文仪器的一部分中独立出来，事实上是中国第一架与天文仪器相分离的独立的计时器，这在中国古代计时仪器发展史上，特别是机械计时仪器史上均具有重要意义。大明殿灯漏的制作展示了中国古代传统的工匠精神，是古代自动化设备的佳作，其精美的外观和巧妙的设计让人叹为观止。这一奇特的机械装置不仅具有实用性，还充分展示了古代中国工匠的智慧和技艺。时至今日，大明殿灯漏仍然具有极高的历史和科学价值，是中国宝贵的文化遗产。

3.柜香漏与屏风香漏

柜香漏和屏风香漏是将计时与香炉艺术相结合的仪器。柜香漏是一种置于室内的计时香炉，其外形为一个柜子，内设香炉和刻度标志。郭守敬设计把香放入柜中，大抵是为了保持燃烧时空气流的稳定，通过燃烧时间的长短来对应相应的刻度以计时。屏风香漏则是一种在室外和大型场合使用的计时香炉，其结构类似于柜香漏，是把香篆放置在屏风上的一种设计，但尺寸更大，外形为一屏风，以便在室外和大型场合观察时间。齐履谦在《知太史院事郭公行状》中有"以备郊庙"，是指其为皇帝祭神、祀祖时，放在宗庙中使用的。

这些计时仪器的设计和制作其实都是郭守敬在前

人的设计基础上完成的，但是又有许多的革新和创造。在过去的年代里，计量时间不但是天文观测的需要，同时也为普通劳动人民日常生活所必需。所以郭守敬对计时仪器制造的倾心，反映了他对国计民生的关心。而大明殿灯漏、柜香漏、屏风香漏的精美实用则表现了郭守敬对计时仪器自动化、实用化和工艺品化的追求。

（六）关于定向的巧思——正方案、悬正仪与座正仪

1.对立竿测影的改进——正方案

传统的测定水平四向的方法是立竿测影。其方法是：首先，通过取水准的办法使待测点附近的地处于水平状态。然后，竖立一根木质的表，通过取垂线的方法使该表垂直于地面。这些准备工作做好之后，就可以用于观测了。用圆规作圆，把日出和日没时表影与圆周相交的两点记下来，这两点连线所表示的方向就是东西方向。这样做还怕不准确，还要白天参考日中时的表影方向，夜晚参考北极星的方向，如此得到的是较为正确的东西方向。两点连线的中点与圆心的

连线就是当地的南北方向。

立竿测影的方法简便而实用。为了提高定向精度，古人对之孜孜以求，而郭守敬发明的正方案就是其中的代表。

"正方案"本质上是一块四尺见方的木板，它的四周设计有水渠，以保证水平。在木板的正中心，画出十字交叉线和19个同心圆，它们的半径由内向外逐渐增大，相邻圆之间的距离为一寸。在最大的同心圆上，刻有365.25度的刻度，模拟一年的天数。在木板的中心，有一个直径和高度都是二寸的圆柱孔，用来插入不同长度的小棍。小棍的高度可以调节，一般高出案面一尺五寸；冬至前后减去五寸，使之高一尺；夏至前后则增加一倍，使之高三尺。之所以如此，是为了保证至少在每天中午时竿影一定要落入案内。竿影的长度在春分和秋分、冬至和夏至会有所变动，相应地，太阳在这些特定日期的高度角也会有所变动。这种设计的合理性体现在，不同季节所使用的小棍长度能够产生与该季节相符的暑影长度，从而准确地反映出太阳在不同时间的位置。

在利用正方案测定方向时，首先要"注水于渠"，把案调整得处于水平状态。然后在中间洞中竖起一个表，观察表影投向。随着太阳升高，表影逐渐移入案内，视表影顶端落在某一圆周上时就用墨标出相应记号，从上午影子由西进入外圆，到下午影子向东跨出外圆为止。把同一圆上两个墨点连接起来，它们的中点和圆心连线的方向就是正南、正北的方向。各个圆上相应两个墨点都以这样的方式求出结果，让其相互参校，就能得出正确的南北方向。南北方向确定以后，东西方向也就随之确定了。

郭守敬在正方案上刻了很多同心圆圈，可在一日内获得多次测量结果，以便互相比较，剔除偶然误差，提高了精确度。

有一个很好的例子可以说明郭守敬发明的正方案用于测影定向的准确度的情况。现存的河南登封观星台据考证是郭守敬主持修建的，那里就设有正方案。观星台长达一百多尺的测影石圭是郭守敬测定南北取向的直接见证。1975年，北京天文台曾在那里用近代科学方法测定当地子午线方位，测量结果表明，石圭遗址的取向，同当地子午线方位对应得相当好。元代的郭守敬能取得这样的成绩，实在令人惊叹。

2.对横平竖直的校正——悬正仪与座正仪

悬正仪和座正仪是两种用来校正天文仪器方向的工具。悬正仪主要用于校正仪器的垂直方向，至少需要一个重锤和一条悬线；座正仪则用来校正仪器的水平方向，它的设计借鉴了水平仪的原理，通过水的表面保持平稳来判断仪器是否处于水平状态。

郭守敬设计的这些仪器，包含了对前代天文仪器制造传统的继承，也包含了对西域仪象设计思想的吸收，并加入了自己的独特创新。他的天文仪器都具有构思巧妙、设计合理、一仪多用的特点，满足了《授时历》编制对有关天文量测定的需要，也满足了天文学教育与天文普及的需求，从而把中国古代天文仪器的制造水平推向了高峰。

3.科学家的规矩与准绳

创新思维。郭守敬的仪器设计不仅借鉴了传统的天文仪器的设计思想，而且根据自己的观察和研究，对这些传统的设计进行了改进和创新。他设计的"正方案"就是在传统的基础上，增加了同心圆和度数的刻度标注，使此仪器的功能更加丰富、适用性更强、测量更精准。

科学态度。郭守敬在设计仪器时，注重细节和精度，这体现出他严谨的科学态度。例如，他在设计"正方案"时，考虑到了太阳在不同季节的高度角变化以及地理位置对于测定结果的影响，从而对设计方案进行了调整。

追求实用。郭守敬的科学思维始终以实用为主，他设计的仪器都是为了解决实际问题。例如，"正方案"既可用于大型仪器的极轴定向与南北定向，也可以用于野外作业的"四海测验"。这种实用主义精神，对于推动科学的发展起到了重要作用。

二、规模空前的"四海测验"

1279年，郭守敬被任命为"同知太史院事"，享受"给印章，立官府"的待遇。此时，新天文仪器的研制工作基本就绪，忽必烈又召见了郭守敬。郭守敬献上了自己研制的一些仪表的样品，并当场加以试验、讲解，忽必烈大为欣赏。郭守敬趁机提出扩大天文观测范围的建议。齐履谦《知太史院事郭公行状》有："公（郭守敬）因奏：'唐一行开元间（724年）令南宫说天下测景，书中见者凡十三处。今疆宇比唐尤大，若不远方测验，日月交食分数时刻不同，昼夜长短不同，日月星辰去天高下不同，即目测验，人少，可先南北立表，取直测景。'上（忽必烈）可其奏。遂设监候官一十四员，分道相继而出。"郭守敬认为，唐朝一行于开元年间令南宫说天下测影，在全国选择了13个观测点。而元朝的疆域比唐朝还要大，所以天文观测范围也应进一步扩大。只有通过大规模的天文实测工作，积累足够的资料，才能编制出精确的历法。忽必烈采纳了郭守敬的意见，专门设"监候官"14人，经过培训后，分道出发，到当时元朝疆域的四方边陲地带去设观测点："东至高丽，西极滇池，南逾朱崖，北尽铁勒，四海测验，凡二十七所。"这些地点都是古人未曾到达过的地方，总共建立了27座观测所，比唐代多一倍。其重点测站主要的观测内容是每一地方的北极出地高度（相当于当地的纬度）、夏至日圭表的表影长度、夏至日昼夜的长短等。这就是郭守敬举世闻名的"四海测验"。

这个规模空前的科学实验，其成果不仅支持了地球的圆形假设，也为后人进行更深入的天文测量和历法编纂奠定了基础，对当时世界天文史具有重要意义，充分体现了元代天文学家的卓越成就。

这些测量数据被收集和整理后，郭守敬和他的团队利用这些数据编制了《授时历》，对于当时的元朝来说，这是一部具有重要意义的历法。同时，这些测量数据也为后人进行更深入的天文研究和地理探索提供了宝贵的资料和参考。

除了在全国范围内进行测量外，郭守敬还对一些重要的天体现象进行了观测和研究，如太阳运动规律、行星运行轨迹等。他的研究成果不仅在当时具有重要意义，也对后世的科学研究和天文学发展产生了深远的影响。

郭守敬主持的"四海测验"是古代中国科学史上的一项重要事件，它不仅为当时的社会和政治提供了重要的服务，也为后人提供了宝贵的历史资料和科学参考。

(一) 关于测量方法与测点布置

据《元史·天文志》载，"四海测验"的点位分布从最南端北极出地15°的南海开始，按25°、35°、45°、55°、一直测量到北极出地64°的北海（再往北是北极圈，日影无法观测），每向北10°设一测量点，再加上大都测量点共7处。郭守敬选择的测量点，每隔10°一测（365.2575周天度体系）。在这些测点上，采用了正方案等野外测量器具，对测点的北极出地高度、夏至晷影长度和昼夜漏刻长度进行测量。

（二）北极出地高度测量原理

我国古代没有经纬度的概念，所以多用北极出地高度（地平高度）作为地理坐标。地平高度亦称"地平纬度"，通称"高度和高度角"，以符号h表示，单位为"度"。天体的高度以地平圈为起点（即0°），至天顶为90°，沿天体所在地平经线圈向上量度，自0°至90°。如果测量正确，北极星的地平高度就等于当地的地理纬度。北纬64°位置的北极星地平高度角=地理纬度64°。

前述圭表测影是利用表影在圭面投影测量太阳入射的角度，如果我们仔细思考就会发现，各地北极星出地增加的度数等于日影入射减少的角度数，北极出地角与日射仰角求和，都是90°的规律，也就是就是每向北走纬度10°，北极星出地高度增加10°，立表测影得到的日射倾角就减少10°。

（三）测验结果与分析

通过实际观测，取得各点夏至的日影长度、昼夜的时刻数，以及北极的出地高度（当地的地理纬度）。测量成果精度与现代测量的纬度相比，其中9处测点的误差不大于0.2°，20处地理纬度明确可考的测点的平均误差为0.35°，益都和兴元两地的测量结果与现代测值完全吻合。例如，根据夏至圭影长度资料，可计算得出北极出地高度和黄赤交角。以大都为例，郭守敬通过简仪实测的黄赤交角为23°33'34，与近代天体力学公式计算值的误差仅1分26秒。因此，《元史·天文志》中说，古今测量精度差距如此微小，"是亦古人之所未及为者也"。

除此以外，"四海测验"的成果还包括：① 1280年冬至时刻的精密测定；②测定当年冬至太阳位置；③测定二十八宿距星度数（精度比北宋时提高一倍）；

④测定北京二十四节气日出时刻等。

"四海测验"（1276年）比欧洲系统性大地测量（如18世纪项目弧度测量）早约400年，其涉及地域之广、项目之多、精度之高，在中国测绘史乃至世界天文史上都是空前的，也为《授时历》的成功修订、颁行提供了坚实的基础。

（四）郭守敬在大都的测量工作

大都司天台是郭守敬列出的"四海测验"中27个观测点中的一个，与其他观测点一样的常规天文测量工作也是必须进行的。除此之外，郭守敬还主持开展了三项重要的测量工作。第一项是测量二十八宿距星的位置，所谓距星是二十八宿中每宿选定的一颗定位用的标准星，对它们位置的精确测定是测量其他恒星坐标的基础。第二项是郭守敬在测得二十八宿距星位置的基础上，又测量了数以千计的肉眼可见恒星的坐标，并编成星表呈报忽必烈。可惜由于该星表现已失传，其详细情况不得而知。第三项重要的测量工作就是测量"黄赤道内外极度"，即黄道与赤道间的交角。如果我们以观测点为中心，将天穹半径视为巨大的假想球,并称为天球,那么赤道就是地球赤道面向外扩展与天球相交的大圆,而黄道则是太阳一年中在天球上众恒星间穿行所绘出的大圆,两者间的交角便是黄赤交角。郭守敬当时已发现此角逐年有微小的变化,而且此角测定的精确与否会影响到编历工作的其他结果,特别对日月食预报的正确性颇有影响,所以在他主持下对此交角进行了长期的实测,最后获得了相当精确的结果。

(五)关于南海测点位置的争议

元史所载"四海测验"的南海观测点,位于"西沙及中沙群岛以南或东南"一带的海域。大海茫茫、无边无涯,致使其具体点位众说纷纭。为此,中国科学院地理研究所钮仲勋研究员认为至少有四种说法,即"黄岩岛说""西沙群岛说""林邑说"和"广州说",其中以"黄岩岛说"者居多。

1. 黄岩岛说

韩振华教授是提出"黄岩岛说"的第一人。他指出,至元十六年(1279年),南宋怀宗赵昺败亡于崖山（即今广东省新会）。元世祖乃敕令郭守敬抵南海测验晷景，其余各处观测点的监候官，亦皆分道而出。由于"四海测验"南海观测点，不仅是南北立表远地观测的起点，而且是以大都为中心的南北子午线的中国疆域所在之处，所以，元世祖乃敕令郭守敬亲自"抵南海"主持实测。郭守敬所抵"南海"是在南海东部，今黄岩岛（15°08′N，117°45′E）及其海域。

厦门大学李金明教授是支持"黄岩岛说"的第二位学者。他曾多次发表文章称，元世祖令郭守敬亲自"由上都、大都，历河南府，抵南海，测验晷景"。郭守敬留下的宝贵的观测数据，是考证"四海测验"各观测点具体位置的科学依据。李金明教授指出韩振华教授根据《元史·天文志·四海测验》记载"南海"夏至晷景和昼夜时刻，推算出"南海"这个测点正是中沙群岛附近的黄岩岛（15°07′N，117°51′E）。

2.西沙群岛说

钮仲勋、厉国青两位研究员，是"西沙群岛说"的代表。他们的主要依据是：第一，据《元史·天文志》"四海测验"条所载，南海观测点北极出地15°，而西沙群岛位于北纬15°47′~17°08′，与南海测点"北极出地"数值非常接近；第二，元朝以前，西沙群岛既有渔民在那里活动，又有水师巡视海疆，对那里地理概况如航道、滩险、饮水、锚地等，都有相当了解。可见，当时西沙群岛已具备立表测景的条件。因此，元代"四海测验"南海测点应在西沙群岛。中沙黄岩岛地处北纬15°09′，略高于海面，虽然与南海观测点"北极出地"数值比较接近，但它的岛礁是晚近时期的产物，经碳14年代测定为距今470±95年。❶据此判断，700多年前黄岩岛应当还潜伏在水中，没有高出海平面。因此，当时郭守敬不可能在黄岩岛测量。

3.林邑说

华南师范大学曾昭璇教授，是明确的"林邑说"的支持者。他认为："郭氏加景，应该是在今天越南中部海岸上，当时称为林邑的地方。"其主要依据"林邑"是当时实测得"北极出地"15°的地点，而且《元史·天文志》中在"仰仪铭辞"中有"极浅十五，林邑界也。"

---

❶ 黄金森.南海黄岩岛的一些地质特征[J].海洋学报，1980，2（2）.

（六）"四海测验"体现的科学精神

郭守敬认为，科学研究应该立足于实际，解决实际问题。"四海测验"的目的之一是修订历法，以便于国家治理和人民生活。在规模空前的"四海测验"活动中，郭守敬作为主持项目的科学家，他的很多优秀品质值得我们学习。

严谨、周密的计划。不可否认，唐代一行的测量对郭守敬的"四海测验"具有一定的参考和启示，但郭守敬主持的"四海测验"在内容和布点方面较唐代一行有所发展，是一项严谨的计划。其计划大致包括两方面内容：一是测点的选择，二是观测的项目。基于当时从事天文观测的人员短缺而修历的任务紧迫，因此郭守敬把测点分为两类——重点与一般。先测量重点，取得必要的数据，以供修历的急需，再对一般的测点进行补充测量。在观测项目上也有所区别，重点测点的观测项目三项齐备，而一般测点的观测项目仅"北极出地"一项。重点测量的南海、衡岳、岳台、和林、铁勒、北海六个点位，相邻两点间的纬度差大致为10°，显然是经过精心安排的。

扎实、充分的准备。正如修历之初郭守敬提出的"历之本在于测验，而测验之器莫先仪表"，或如古语所说"工欲善其事，必先利其器"，做好一项工作，先期的物质准备非常重要。在郭守敬之前，我国已有不少天文测量仪器，仅测时测纬的仪器就有圭表、漏壶、复矩等。为了更好地进行规模空前的"四海测验"，为修订新的历法提供精确的基础数据，郭守敬积极研制新的观测仪器。他所研制的简仪、高表、正方案等，不少用于"四海测验"工作中，无论是在固定的天文台上进行长期观测，还是用于野外观测，各类仪器在设计和制造上的高水平，都使"四海测验"的精度得到充分的保证。

尊重实践的态度。无论在天文修历工作还是水利工程工作中，实事求是、尊重实践都是郭守敬一贯的科学态度。在"四海测验"工作中，郭守敬不但提出建议、制定计划、创制仪器，而且亲自在若干测点实地测量。《元史·世祖本纪》记载："（至元十六年）三月庚戌，敕郭守敬繇上都、大都，历河南府抵南海，测验晷景。"说明从上都经大都、阳城（当时归河南府管辖，故称"河南府"）等处，直抵南海，都是郭守敬亲自观测的。为取得第一手数据，郭守敬不辞辛苦，长途跋涉，体现了作为一名自然科学家的精神和品质。

孜孜以求的进步。"不积跬步无以至千里"，科学的进步总是奠基于不断的积累。在我国天文大地测量发展的历史进程中，对经度概念的认识远不及纬度。例如，唐代一行主持的测量是只测纬度，不测经度；郭守敬主持的"四海测验"也是如此。因此，郭守敬在建议"四海测验"时曾提出要测验"日月交食分数时刻"的问题。虽然在"四海测验"的相关记载中（如《元史·天文志》），并没有关于日食、月食的记录，但月食的观测与经度有关，体现了郭守敬关于经度概念的初步认知。结合13世纪初，耶律楚材提出的"里差"概念，至元四年（1267年）天文学家札马鲁丁将西方绘有经纬网的地球仪传入我国等事实，从天文大地测量历史发展的角度看来，经度概念的科学意义在文化交流的过程中逐步清晰起来。

第三节　质疑与创新

一、疑古、师古不泥古——对前代历法的态度

（一）关于历法的基础知识

我国古代对历法的研究与天文研究密切相关。我国天文史实际上也是历法史，我国古代历法的疏密程度，是反映当时天文学水平的重要标志。这些情况，说明了我国古代天文研究主要是为历法服务的这一特点。

1. 天文研究、观象授时与历法的关系

据现代天文学家的推测，我国在神农时代，官府便教人民耕种和按季节播种五谷，此时应已有历法的雏形。我国于何时进入历法时代难以考证，但"观象授时"可推断为神农时代之前就已经成熟了，而且伴随历法的产生而逐渐完善。"观象"，指的是观察日月星辰所呈现的情况，以及观测动物、植物等顺应气节而有的表象；同时还观测气象，即观测风、云、雷、

雨之类的表象。

在我国古代典籍中，记载"观象授时"较为完整的书籍要推《大戴礼记》中的《夏小正》和《小戴礼记》中的《月令》。在我国有了正式的历法后，古代天文学家和历法家也仍然不放弃"观象授时"的方法，以观象所得资料来充实历法的内容，且常以天象（如日食、月食等）来检验所编制的历法，使其更确切地符合天象，从而"授民以时"。在长久的天文研究和"观象授时"的配合下，逐渐产生了我国同时也是世界最早且较为完整的历法。

什么是历法呢？《说文》中讲："曆，象也，曆通作历。"《书·尧典》里讲："曆，象日月星辰，敬授人时。"法，就是制度。那么历法，就是观察日月星辰的一切动态，以测定其规律、编成制度，用以度量时间。

2. 历法发展史简述

在旧石器时代，人们以采集和渔猎为生。由于生活所需，我们的祖先逐渐摸索到气候变化、月亮圆缺的规律，动物随气候变化而活动的规律，可食植物生长成熟的时间规律等有关知识。到以农牧生产为主的新石器时代，为了掌握农时，人们开始有意识地认识天象、掌握天象来定方位和定时间季节。到了颛顼时代，出现了叫作"火正"的官员，专门负责观测"大火"的出没以授农时（"大火"是东方心宿中的第二颗星）。所以，我国早在石器时代就已开始天文知识的积累，初步奠定了天文学和历法的基础。

随着生产力发展，夏代出现了天干纪日法，就是用十进位的天干纪日，并且有了"旬"的概念。到了商代，在天干纪日的基础上，进一步用天干、地支配合组成六十甲子循环纪日（即干支纪日），且已用大月、小月和连大月来调整朔望，形成了与我国农时相吻合的历法特色和历日制度体系。

春秋战国时期历法的进步缘于农业生产的发展对"农时"的要求。春秋后期创制了一种取回归年长度为365又1/4日，并采用十九年七闰为闰周的历法——古四分历。我国的古四分历能较好地调节回归年和朔望月的长度，它的十九年七闰法及其所用数据29又499/940日，标志着当时我国的历法已经进入比较成熟的时期。同时，我国历法中特有的二十四节气体系，到战国时期已经基本形成了。

到了秦汉时期，在春秋战国已有的科学成就基础上，古代传统的农、医、天、算四大科学形成了各自的独特体系。其中，天文、历算日臻完善，后世历法中所具备的主要内容，如气、朔、闰、五星、交食、晷漏等，在当时的历法中，即已全备。这一时期成为我国科学技术发展漫长历程中极其重要的时代。

三国、两晋、南北朝时期的民族融合，促进了生产技术的交流和科学技术的发展。其中，天文学家根据实际观测，修正和发展了前代对天体运行的知识，在天文、历法方面取得了一系列新进展，尤以岁差现象和太阳、五星视运动不均匀性的发现为对天文、历法划时代的贡献。

宋、元时期的星图和天文仪器在前人的研究成果基础上，发展到了当时的高峰。在先进仪器的支持下，郭守敬组织实施的"四海测验"对我国以及世界的天文、历法起到了划时代的推动作用，中国天文成就达到历史上的最高阶段。

（二）关于制历——对前代历法的态度

为了完成修历的任务，取得尽量准确的天文数据，郭守敬等人利用制作的新仪器和发明的新方法，对一系列天象进行了精细的测算和深入的研究。同时，在诸多历法的重要问题上进行了重要革新，其思想之进步、态度之鲜明、举措之合理，充分体现了一个科学家对前人成果保持怀疑、师古不泥的科学精神和改革勇气。

郭守敬指出，前代许多历法家所追求的"日月五星同度，如合璧连珠然"的"往古生数之始"的理想原是不可取的，这是因为"日月之行迟疾不同，气朔之运参差不一"，"天道自然，岂人为附会所能苟合哉！"即认为日月五星运动的周期是各不相同的，气朔等历法问题的变化周期也不一样，要推算出这众多周期的统一起始点实际上是不可能的。如果一定要取这样的起始点，就不得不对这些周期进行人为的调整，但这种调整又不宜过大，以防明显失真，于是就必然造成上元积年"世代绵延，驯积其数至逾亿万"的状况，形成了"布算繁多"的困难局面。又正由于对这些周期做过细微的调整，势必会造成历法"行之未远，浸复差失"的弊病。所以，所谓"目前简易之法"，即指以编制历法的当年为历元，测算出如前所述的七应值(气应、闰应、转应、交应、周应、合应、历应),将七应值作为有关历法问题计算的起始点,这样既不必对有关周期作什么调整,又可以收到计算简便的实效。当然,关于上元积年法的欠缺和实测历元法的优势,前代已有一些历法家深有感悟。南宋的杨忠辅受迫于强大的传统立元思想的威慑,采取半遮半掩的策略表达他的感悟,而郭守敬则旗帜鲜明地对上元积年法和实测历元法的优劣作了科学的理论阐述。他进一步指出:"晋杜预有云:'治历者,当顺天以求合,非为合以验天。'前代演积之法(上元积年法),不过为合验天耳,今以旧历颇疏,乃命厘正。法之不密,在所必更,奚暇踵故习哉!"在郭守敬看来,追求实际上并不存在的理想的上元,而对有关天文周期作细微的人为调整,正是治历者陷入"为合而验天"的大忌,所以无须顾虑传统的偏见,应断然摒弃这种理论上不正确、实践上不简便的方法。

对于天文数据的表达,传统的方法是,在测算得出这些数据后,以分数的形式加以表述。由于总是难以找到与实测结果完全对应的分数值,而应用这种传统表达法(即日法)往往要对实测结果作一些调整,实际上是要以损害部分实测的精度为代价的。就是说，它与上元积年法存在相似的缺点。对此，郭守敬等人也作了改革，使"所用之数，一本于天"，并用"秒而分，分而刻，刻而日，皆以百为率"的万分法来表达各天文数据，于是达到了"比之他历积年、日法，推演附会，出于人为者，为得自然"的理论效果。同样，应用万分法在实际运算中也是比较简便的。

  对于唐代李淳风创始的进朔法，郭守敬也基于顺从日月运行本来面貌的思想，作了重要的改革："月之隐见，本天道之自然，朔之进退，出人为之牵强，孰若废人用天，不复虚进，为得其实哉。至理所在，奚恤乎人言，可为知者道也。"他认为，月朔的安排有"四大三小，理数自然"。其实，用进朔法的不合理性，唐代一行就已有明确的认识，但是，大约也是慑于传统的偏见势力，仅论而未行改正。在其后约500年间，陈陈相因，一直无人敢于迈出这重要的一步。郭守敬登高一呼，要本天道之自然，去人为之牵强，不惧传统偏见的压力，不再虚为进退，直以"所在之日以为朔"。

  郭守敬始终坚持发展的观点，与历代有所作为的天文学家具有同样的眼光，与那些认定越古越好、信古疑今的学者截然不同。对于被广泛视为经典著作的其中一些有关天文现象的记载，郭守敬也持怀疑的态度。

例如，关于二十八宿距度的测量，郭守敬指出了"前人所测或有未密"的问题。关于冬至时刻的测量，郭守敬认为，赵知微的"（重修）大明冬至盖测验未密故也"，又指出"古称善治历者，若（刘）宋何承天，隋刘焯，唐傅仁均、僧一行之流，最为杰出。今以其历与至元庚辰（1280年）冬至气应相校，未有不舛戾者"。这些都反映了郭守敬疑古而信今的思想，即使名家之说也在其怀疑与否定之列。

当然，疑古并不是怀疑一切，而是不盲目崇信经典之说与名家之言；在证据确凿与理由充分的情况下，敢于提出怀疑乃至否定的意见。其实，郭守敬对于经典之说与名家之言，是采取尊重态度并予以接纳与继承的。郭守敬在对前代历法作全面、深入的研究之后，充分肯定13家历法，并把它们作为制定授时历最重要的基础。

天文历法发展的各个环节及不断发展创新的各个

历法,在郭守敬看来,都是历法随着时间的推移不断发展进步的重要标志,是后人胜过前人的强有力证明。对历法发展的这些历史考察,郭守敬充分肯定了前人工作的重要性,把前人的工作视为后世发展不可或缺的基础。他同时指出,前人的工作并没有达到终极真理,一方面是因为前人的工作中尚存在着缺陷或误区;另一方面因为有新的现象、观念有待探索与发现。这便是郭守敬敢于提出怀疑和具有批判精神的出发点。郭守敬特别强调"精思密索",即强调理论思维对于创新的关键作用,而其实令"心与理会"的日月五星运动的"理",却是只能从大量的观测实践中得到的。所以,郭守敬强调的正是缜密的理论思维和认真观测实践的有机结合,这就成为郭守敬勇于创新、敢于改革的出发点。

二、拟合天体运行的密算

1280年,一部新的历法——《授时历》宣告完成。同年冬天,正式颁发了根据《授时历》推算出来的下一年的日历。

在《授时历》的制修过程中，有许多革新。第一，废除了过去许多不合理、不必要的计算。例如，避免用很复杂的分数来表示一个天文数据的尾数部分，改用十进制小数。第二，创立了几种新的算法，如内插法及球面三角法则等。第三，总结前人的成果，使用了一些较为准确的数据，以一年为365.2425日进行计算，这与现行的公历的一年时间完全一致。

测验是历法的基础，而要预推或逆推日月五星在任一时刻的位置，探索日月五星运动的规律性，并采用数学方法加以描述。这固然是历代历法家的基本思路，但要做到科学与合理，则非有创新的思维不可。郭守敬、王恂等在合天理念的指导下，在"继之以密算"的方法上屡有创新，实现了使《授时历》的准确度更上层楼的目标。

（一）实测历元法、万分法与定朔法的采用

所谓"历元"，是要为历法的推算设立一个起算点。所谓"积年"，指上元积年，是指前代大多数历法都设立了推算一系列历法的共同起算点——上元，自上元到历法制定年间的年距即为上元积年。而所谓

"日法"，是指前代绝大多数历法所取用的一系列数据均以分数表示，该分数的分母即统称为日法。"积年"与"日法"是传统历法最基本的数学方法，它们似乎是历法不可或缺又天经地义的组成部分。正是在这一最基本的问题上，郭守敬作了根本性的改革。此外，对于自唐代李淳风提出并被后来的历法家广为采用的进朔法，郭守敬亦予以摒弃。进朔法和上元积年法、日法一样，均以人为附会为重要特征，而与之相对应的定朔法、实测历元法与万分法的运用，则以顺应自然为鲜明的特点，体现出尊重规律的科学态度。

1. 上元积年法的废弃与实测历元法的采用

前人设立上元，使历法的推算有了共同的起算点，从数学的角度看是相当完美的：在计算时有单一的模式，在天象上呈现出令人向往的理想状态。可是，由于日月五星运行的各种周期既各不相同，又都不是整数，这给一系列历法的推算带来了极大的不便。前代历法家为了使上元积年不致过大，往往对日法作某些人为调整，并视之为历法改革的重要内容，给出了各不相同的上元积年和日法之数。问题在于，对日法的调整实际上也是对历法所取用的一系列数据的调整，这是以偏离由实测而得的这一系列数据为代价的，是为迎合上述主观意愿而人为作出的调整，也就引致了"行之未远，浸复差失"的严重后果。由精测而得的一系列数据是天道自然的客观体现，是不容任何人为调整的。此外，上元法所引致的积年数极其庞大的问题，给计算带来的繁杂与困难是令人生厌的，数学形式上的完美与计算程序的单一，虽为其长处，但权衡利弊，弊远远大于利。基于此，郭守敬断然摒弃了上元积年法，而代之以合乎天道自然的简易之法，即实测历元法。

实测的自然结果，具有形式直观、计算简易的优点，充分反映了郭守敬等人顺天求合的历法思想，"历之本在于测验"的信念，以及不与传统习惯和偏见妥协的意志。

其实在中国古代历法史上，实测历元法的运用并非自《授时历》始。唐代傅仁均等人编撰的《戊寅元历》中，"气、朔，迟疾、交会及五星皆有加减"，即对于冬至时刻、平朔时刻、月亮过近地点时刻、月亮过黄白升交点时刻、五星平见时刻，都给出了它们同

618年冬至时刻之间的时间差。研究表明，傅仁均是一位典型的上元法论者，他并非基于上元法存在的弊病的反思，而是出于将唐高祖登极之期神圣化的考虑，借用了实测历元法的形式。即便如此，傅仁均还是不自觉地给出了比较全面的实测历元法的型制。

上元积年法在传统历法领域根深蒂固，要打破这一传统并非易事。而郭守敬是第一次从对上元积年法的弊病和实测历元法的优越性的理论阐述出发，通过对一系列与实测历元相关的天文数据的精细测算，以极大的理论勇气和缜密的实践活动，冲破了上元积年法的羁绊，实现了采用实测历元法的历史性变革。

2. 日法的废弃与万分法的采用

对于天文数据的表达，传统方法是以分数的形式表示，这就是所谓的日法。使用日法，同样存在计算繁杂的问题，因为分数的运算往往存在比较麻烦的通分等问题。可见，日法与上元积年法存在着相似的缺点。对此，郭守敬进行了改革，使"所用之数，一本诸天"，并用"秒而分，分而刻，刻而日，皆以百为率"的万分法来表示天文数据。也就是说，授时历所用的天文数据，皆由实测而得，并取至小数点后4位，即0.0001日或0.0001度。郭守敬显然是在作了合理的评估之后，实事求是地选取了既顺应自然又便于计算的万分法。

同样，在中国古代历法史上，万分法的采用也并非自《授时历》始。唐中宗景龙年间，南宫说在《乙巳元历》中，取"母法一百"，这实际上是把天文数据的分数表示法改成了小数表示法，可是，该历法并未被正式颁用。在五代十国时，"民间有万分历"，大约也采用了万分法，但该历法"止行于民间"，而且欧阳修等人认为"其法皆不足纪"。可见，万分法虽然在前代偶尔有人采用，但是处于被忽视的地位。郭守敬重提此法，并从理论上把它提到足够的高度，是独具慧眼的。

授时历深思熟虑地采用实测历元法和万分法，"比之他历积年、日法，推演附会，出于人为者，为得自然"。这正是郭守敬对此精辟的理论总结。

3.进朔法的废弃与定朔法的采用

自商周时期直至唐代初年，朔月的安排皆以大月

（30日）、小月（29日）相间，偶或加进一个连大月，即一般是大月、小月、大月、小月……偶或大月、大月、小月、大月、小月……在尚不知月亮和太阳运动存在不均匀性（亦即以月亮和太阳的平均运动速度计算）的年代，这应是一种可行的方法（即平朔法）。在汉代以前，使用此法推算日月食，往往造成日食发生在晦日或初二日，月食发生在望日前后的状况。到东汉时期，历法家已发现了月亮运动不均匀的现象。张衡等人指出，应考虑这一现象的影响来确定月朔，但有人以造成"月有比三大二小"（即朔月的安排可能出现连续3个大月或连续2个小月的状况）予以反对，张衡等人的建议遂被封杀。对此，郭守敬等人发出了"甚矣，人之安于故习也"的感慨。中国古代历法中，唐代傅仁均的《戊寅元历》是最早采用同时考虑日月运动不均匀性影响的定朔法的，也就是说，到这时人们才勉强容忍朔月的安排有三大二小的情况。可是，到了唐太宗贞观十八年（644年），依《戊寅元历》推算出现了连续3个小月的问题，次年又出现连续4个大月的问题，于是引起了轩然大波，定朔法的使用被中止，又倒退到使用平朔法的境地。

唐代李淳风在《麟德历》中，为迎合传统习惯，避免四大三小情况的出现提出了所谓进朔法：在可能出现四大或三小时"朔日小余在日法四分之三已上者（推算得出的朔日后的余数大于3/4日），虚进一日"，同理，当推算得出的朔日后的余数小于1/4日时，则虚退一日。这一方法在"后代皆循用之"。《元史·卷五十三》提到，唐代一行对此并不以为意，指出："天事诚密，虽四大三小，庸何伤。"但是，大约也是慑于传统偏见势力，仅坐而论道，未行改作。

对于这种状况，郭守敬指出，月朔安排为"四大三小，理数自然"，"今但取辰集时刻所在之日以为定朔，朔虽小余在进限，亦不之进"。他认为，应该遵循日月运行的本来面目安排月朔，月朔出现四大三小的情况，乃是日月合朔的合乎理数的自然反应，不应该用虚进或虚退时日的方法人为改变日月合朔的真实时日。"月之隐见，本天道之自然，朔之进退，出人为之牵强，孰若废人用天，不复虚进，为得其实哉。"

李淳风在采用进朔法时，还有一个表面的理由："以晦月频见，故立进朔之法。"对此，郭守敬亦加以反驳：如果合朔时刻发生在A日12时辰中的酉时或戌时或亥时，它们同前一日的卯时相距在18至20个时辰之间。合朔发生在A日的酉时至亥时，即朔日的余数当在8/12日到12/12日之间，依据进朔法，应进一日为朔日，即晦日应定在A日。在A日的卯时，距合朔时刻在6至8个时辰之间，依日月每日（12时辰）平均运行相离12.39°计算，经6至8个时辰，日月相离不大于9°，即便遇到在此期间出现日行速而月行迟的情况，日月相离也不会大于10°。这确实说明进朔法可以避免发生新月晨见东方的问题。可是，如果合朔时刻发生在A日的辰时与申时之间，即朔日的余数在4/12日与5/12日之间，依据进朔法，朔日应该不进也不退，也就是说晦日应该在其前日。而合朔时刻与这一日的卯时相距13至14个时辰，依日月每日（12时辰）平均运行相离12.39°计算，经14个时辰，日月已相离14.46°，若遇其间日行速而月行迟，日月相离还可能超过15°，则必然出现这一日的卯时前后新月见于东方的现象。也就是说，进朔法的运用并不能完全避免晦日见到新月的问题。这从进朔法存在内在矛盾的角度，论证了进朔法的不合理性。

郭守敬宣称："至理所在，奚恤乎人言，可为知者道也。"他们废弃进朔法而运用定朔法，与废除上元积年法和日法一样，表现出了可贵的改革勇气。

（二）三次差内插法——给天体的变速运动"画像"

有了改进的观测仪器，在对前代已有历法进行批判性评价的基础上，辅之以改进了的测量仪器，是否就能对天体的运动进行准确的描述了呢？想象一下，你要如何精确预测一辆行驶的汽车在未来某刻的位置呢？如果这辆车一直匀速前进，那很简单，用速度乘以时间就行。但问题是，天上的太阳、月亮、行星就像那辆汽车，它们的运动速度会随着时间变化而发生变化。在郭守敬之前，古人主要用线性内插法（相当于假设天体在短时间内是匀速的）或者简单的二次修正来预测，精确度有限。郭守敬发明的三次差内插法（也叫"招差术"），就是为了解决这个天体"变速运动"预测难题的数学工具。为了对天体的运动进行非常精细的"速度画像"，它考虑了三层变化。

基础速度（平差）。这是天体运动的平均速度，就像那辆车大概每小时能跑80千米。

速度的变化（立差）。天体运动速度本身是会变化的，也就是具有加速度（或减速度）。例如，那辆车现在正以每小时增加10千米的速度加速（加速度是正的）。这第二层修正就是考虑了这个加速度的大小。

速度变化的快慢（定差）。郭守敬发现，加速度本身也不是恒定的，可能在变大或变小（即加速度的变化率，相当于物理中的"加加速度"）。比如那辆车虽然在加速，但它踩油门的力度在减弱，所以加速度在慢慢减小（加加速度是负的）。这第三层修正就捕捉到了加速度变化的细微趋势。

为了实现这种复杂的计算，郭守敬巧妙地发明了一种差分表格，我们可以把它想象成一张精心设计的Excel表。先通过观测得到天体在不同时间点的位置数据，然后计算相邻数据的差值（一阶差分），再计算这些差值的差值（二阶差分），甚至再计算二阶差值的差值（三阶差分）。神奇的是，对于天体运动，当考虑了三次差分（定差）后，数据就变得非常有规律（接近常数或线性变化），计算也就大大简化了。通过查这张差分表，并进行特定公式的计算（公式本质上是将平差、立差、定差三个修正量按时间权重叠加起来），就能非常精确地预测出任意时刻天体的位置。

这可真是计算史上的重大突破！

首先，这是世界上最早系统提出并成功应用于大规模历法计算的三阶内插算法。它把天体运动的非匀速性刻画得异常精细，使《授时历》对太阳运动的计算误差只有惊人的26秒（太阳一年在天空移动一圈，误差26秒相当于计算精度达到了小数点后5位以上）。

其次，它采用的差分表格技术，极大地降低了复杂计算的难度，提高了计算效率，这在没有计算器的时代是革命性的。

最后，它的数学思想（用多项式逼近函数、差分降阶）是现代数值分析和计算数学的基石之一。作为对比，西方直到牛顿时代才系统发展出类似精度的内插法。

概言之，三次差内插法就是郭守敬用"三层修正"的数学智慧为变速运行的天体绘制了极其精准的"动态轨迹图"，让中国古代天文学的计算精度达到了前所未有的高度。

(三)弧矢割圆术——在"天球"上玩转"橘子皮几何"

古人观测星空,认为所有星星都镶嵌在一个巨大的、以地球为中心的透明球壳上,这就是"天球"。要精确地描述太阳、月亮、行星的位置,就需要在天球球面上进行计算,比如确定它们的经度(黄经、赤经)和纬度(黄纬、赤纬),或者计算它们之间的距离、角度。这就遇到了大麻烦:球面不是平面!在平面上熟悉的几何规则(如两点间直线最短)在球面上不适用了。球面上的线是弯的(大圆弧),三角形内角和大于180度等。这就类似在一个巨大的篮球或者橘子的表面画图、测量一样。

郭守敬团队创建的弧矢割圆术,就是专门用来解决这种球面三角学问题的"中国功夫"。它有一个非常巧妙的核心思想:把复杂的球面弧线问题,转化为相对容易处理的平面直线(弦)和三角形问题。

"弧",指球面上的弧线(比如连接两颗星的路径)。"矢",指弓的箭,在这里引申为"弓形的高"。想象球面上的一段圆弧,把它拉直成平面,这段弧就像一张弓，弧的最高点到连接弧两端点直线（弦）的垂直距离，就是"矢高"。"割圆"，指不断分割圆弧，化整为零。

下面简单介绍具体的操作方法。

分割与近似。面对球面上的一段圆弧（比如连接天球上A、B两点的路径），弧矢割圆术不会直接去算这段弯弯的弧长或角度，而是想办法把它和直线联系起来。一个基础是利用了北宋沈括提出的"会圆术"公式：已知弦长和矢高，可以近似计算出弧长。但这不够精确。

勾股迭代。郭守敬的高明之处在于"割"。他把要计算的弧段分割成非常非常小的小段。每一小段弧，因为很短，就可以近似看作一小段直线（弦）。这样，整个大圆弧就被近似看作是由许多小弦段首尾相连组成的折线。

构建与计算。对于每一小弦段，利用球面上的一些基准点（比如天极、春分点）或已知的球面距离、角度，结合基础的勾股定理（在球面直角三角形中，某些边角关系可以转化为类似勾股定理的形式）和相似三角形原理，建立起这些小弦段长度、角度与最终需要的球面坐标（如赤经、赤纬）或角度（如两星间角距）之间的数学关系。通过一步步地计算这些小弦段对应的量，并把这些小结果累积（积分思想的萌芽）或者通过迭代计算，最终就能得到整个大弧段对应的精确的球面量（如弧长、角度、坐标转换值）。

这个球面计算的创新意义是非凡的！

第一，"中国式"球面三角学。与后来西方基于正弦、余弦函数的球面三角学不同，弧矢割圆术主要依赖勾股定理、相似三角形、代数方法以及沈括的会圆术公式，是一种极具中国特色的解决球面几何问题的方法。它巧妙地规避了当时可能尚不成熟或未被广泛使用的三角函数体系。

第二，实践驱动的密算方法。这个方法不是纯理论推导，而是紧密结合了郭守敬制造的大量精密天文仪器所获得的高精度观测数据。正是有了这些精确的"弦长"和"矢高"等基础测量值，割圆术的计算才有了可靠的输入，最终才能输出极高精度的结果。比如在计算太阳从黄道坐标（沿黄道量度）转换到赤道坐标（沿赤道量度）时，其精度就达到了当时世界的巅峰。

第三，这一方法承前启后。它是在沈括"会圆术"基础上质的飞跃，解决了更复杂的球面位置换算问题。其核心思想是将曲线分割成小直线段并用代数方法逼近——与现代微积分和数值计算的思想是相通的。

第四，这一方法是历法核心。《授时历》中所有涉及球面位置、距离、角度的核心计算，如太阳位置、日月食预报、行星运动等，都依赖弧矢割圆术提供的精确数据。它是《授时历》达到超高精度的另一大算法支柱。

总的来说，弧矢割圆术是郭守敬为了解决"天球"这个曲面上的几何难题发明的一套"化曲为直"的组合计算方法，饱含着中国古代数学家的实用智慧。

（四）日食三限与月食五限——几何模型的中国化

在《授时历》之前，中国古代计算日月食的核心方法延续了千年：日食仅推算"初亏、食甚、复圆"三个关键时刻（三限），月食则增加"食既、生光"形成五限。这些算法均以纯数值函数为基础——即直接以食分（遮挡比例）为自变量，通过经验公式计算时间间隔，无须借助天体运动的几何模型。这种方法虽然简洁，却存在一个根本局限：公式依赖历史数据拟合，无法动态反映日月轨道变化的复杂交互，导致长期预报的误差累积。

郭守敬的革命性突破，在于首次将几何模型引入传统算法。他们发现，唐代中期编译的《九执历》已采用基于球面三角的几何模型推算食限，但此类域外历法与中国传统历法体系格格不入。❶于是，郭守敬在原有的基础上通过两方面的融合，形成几何模型的本土化改造。

模型重构。在保留中国历法以"食分"为核心变量传统的基础上，将几何关系隐式嵌入函数设计。例如，计算日食三限时，通过球面坐标关系建立"地—月—日"相对运动的动态模型，进而推导出食分与时间差的精确映射。❷

精度提升。传统的数值法假设日月匀速运动，而几何模型则可兼容郭守敬实测的"日月不等速运动"

---

❶ 曲安京.中国古代历法与印度及阿拉伯的关系——以日月食起讫算法为例[J].自然辩证法通讯，2000（3）：58-68，96.
❷ 同❶.

数据（由三次差内插法修正的变速运动），使初亏到复圆的时间预测更加贴合实际天象。

经过改造的算法，其实际效果令人惊叹！

元代李谦编纂的《授时历议》是一部关于《授时历》的长篇研究论文，他用大量的史料验证了《授时历》推算之精确，其中包括与其他历法的比较结果和对历史记载的复核。他通过对公元3世纪到13世纪35次日食和45次月食记录的推算和比较，发现《授时历》精度在30分钟以内的比例为99%。即使在停用450年后，其对2012年日食的预报仍能反映基本过程，远超同期其他历法的生命周期。❶

关于日月食限推算方法的创新打破了中国历法"唯经验公式"的千年传统，首次将天体空间几何关系纳入算法内核，标志着从"数值逼近"到"物理建模"范式的转变。然而，这种变革却并非全盘西化，而是以中国特色的"食分自变量"为桥梁，将域外几何模型转化为本土可用的数学工具，展现了科学交流的创造性转化。

---

❶ 李勇，周亮.《授时历》预报2012年日食[J].天文研究与技术，2012，9（1）：100-106.

同时，这一创新算法也与郭守敬的尚实精神一脉相承。通过"四海测验"的27个观测布点、4丈高表及景符等仪器的帮助，他获得了史上最精确的日月轨道数据，使改革后的几何模型有了坚实的数据基础。

（五）精细的表格计算法及其他——准确与简便的结合

1. 精细的表格计算法

如前所述，已知两个不同时间天文量（如日月五星的入宿度等），要提高推算这两个时间之间任一时刻天文量的准确度，三次差内插法、弧矢割圆术等新数学方法是有效的工具。此外，尽量缩短已知天文量之间的时间间距也可达到目的。在该时间间距内天文量的变化接近于线性变化，可运用一次差内插法加以计算，也可以达到和上一种方法相同的效果，还可以实现计算简便的目的。郭守敬、王恂等人充分认识到这一点，在《授时历》中，遂有诸多精细表格计算法。这一方法在前代历法中业已发明与运用，郭守敬、王恂等人是在其基础上作出了更精细与合理的发展，又可称为在计算公式基础上的"表格计算法"。

授时历的月离表分为336限，这便是该方法运用之一例。在《授时历议·月行迟疾》中，有"分日为十二，共三百三十六限"之说，仅是约略之议，而实际上应是分一日为十二限二十分。更严格而言，已知授时历取近点月长度为27.5546日，将它分为336限，则每日应得336/27.5546≈12.194限，《授时历》在实际计算时取12.2限。这就是说，授时历所用的月离表较传统的月离表要精细约12倍。至于与每一限相应的天文量的取得，则可由月亮迟疾差算式求出。欲求任两限之间任一时刻的相应天文量，可用一次差内插法计算。

每日昼夜漏刻数计算法，若以传统方法计算，其繁杂可想而知。在《授时历》中，给出以冬至或夏至为起点，每隔1黄道度给出一个昼夜时刻值的表格，而这较传统的以二十四节气为单位的昼夜时刻表要精细约15（按365.2575/24）倍。同样，欲求太阳位于任一黄道度时的昼夜时刻值，亦运用昼夜漏刻数值表格依一次差内插法计算。这是在计算公式基础上的表格计算法的又一例。

在《授时历》中，该方法的运用还有以下几例。

(1) 依弧矢割圆术计算，给出与二至后每隔1黄道度相应的赤道度值表格和与二分后每隔1赤道度相应的黄道度值表格。

(2) 依弧矢割圆术计算，给出与二至前后每隔1黄道度相应的太阳视赤纬值与去极度值的表格。

(3) 依太阳盈缩差算式计算，给出自冬至起始每隔一日的太阳盈缩差等的表格。"又术：置入限分，以其日盈缩分乘之，万约为分，以加其下盈缩积，万约为度，不满为分秒，亦即得所求盈缩差。"说的正是运用该表格与一次差内插法进行太阳盈缩差计算的方法。此中，"入限分"为入表格中某二日之间的日分值，"盈缩积"为运用太阳盈缩差算式计算得出的某日的太阳盈缩差值，"盈缩分"为相邻二日"盈缩积"之差。

质言之，在进行上述各天文量的计算时，可用日数或度分值直接代入相应算式计算。亦可依上述诸算法而得的每经1日或1度的差值表格，以所求日数或度分值为引数，用一次内差法加以计算。

2.二次函数算法的运用

自唐代曹士䒩《符天历》以后，到宋、金各朝历法，广泛采用高次函数法进行有关历法问题的计算，该法同内插法一起成为中国古代历法最主要的数学方法。在《授时历》中，由于三次差内插法、弧矢割圆术的创用，解决了宋、金各朝历法原本运用高次函数法进行计算的诸多难题。尽管如此，郭守敬、王恂依然对高次函数法予以足够的重视，对若干历法课题的计算还是运用了以计算便捷为重要特征的高次函数法。

如对于日食南北差、东西差与时差的计算，《授时历》分别采用了与北宋宋行古《崇天历》及金代赵知微《重修大明历》形式相同的二次函数公式。又如，在计算赤道宿度与白道宿度之间的变换时，授时历也应用了二次函数公式。❶

总而言之，郭守敬、王恂等人在《授时历》中采用了多样的数学方法，有对传统方法的革新，有对传统代数学方法的继承与发展，还有几何学方法如类似于球面三角法的发明与运用，从而把历法中的数学方法发展到更高的水平，将以科学、合理的数学方法拟合天体运行的思想与方法推向了新的高度。

---

❶ 张培瑜，陈美东，等.中国天文学史大系·中国古代历法[M].北京：中国科学技术出版社，2008：200，201，208.

三、高程基准——海拔概念的首次提出

（一）关于高程的基础知识

高程通常是在地理、测量和工程领域使用的一个术语，用来描述一个地点相对于参考水平面的垂直距离。在地球表面上，由于地球不是一个完全规则的椭球体，高程是根据某个地理坐标系中的基准面或参考椭球体来定义的。

在地球上，常用的高程参考面包括大地水准面和平均海平面。大地水准面是一个在地球表面上的全球性的理论表面，通过测量地球的引力场和大气压强形成。平均海平面则是基于海洋潮汐观测数据得出的地球平均水面。目前，这两个参考平面均被广泛应用于测量和工程计算中。

依据上述基准面测量得出的垂直距离，被称作"绝对高程"，或者"绝对高度"。相对高度，一般以地面、山脚等其他地方所在平面为基准面。根据所选择的基准面不同，高度也就有所不同了。

受人类活动范围的影响，多数情况下人们将地面高度作为常用的高度指标，但由于地面起伏不平，而

且各个地区不统一，难以找到统一的基准面来科学比较不同地区的地物高度。随着认知范围的拓展，人们发现海洋包围着所有大陆和岛屿，海平面虽然有变化，但年平均海平面基本不变，而且全世界海平面相差无几。因此，海平面就成了各国测量地物高度的标准基准面（又称为"零点"）。

（二）海拔概念——创新的抽象思维

元至元十二年（1275年），元丞相伯颜南征。为开辟水路和设立驿站，命都水监郭守敬视察河北、山东一带可通舟行船的地方，并绘图上报。郭守敬的测量工作北自山东德州，南至江苏徐州，西自河北大名，东至山东宁阳。齐履谦《知太史院事郭公行状》介绍了郭守敬的勘测路线："自陵州至大名；又自济州至沛县，又南至吕梁；又自东平至纲城，又至东平、清河逾黄河故道至与御河相接；又自卫州御河至东平，又自东平西南水泊至御河"，"乃得济州（今山东济宁）、大名、东平、泗、汶与御河相通形势，为图奏之"。在测量中，他的测量路线有四次以东平为起点或终点。此次勘测不仅为元军南下建立水道驿站提供了依据，还为后期凿通南北大运河提供了可靠资料。

正是在这项工作中，郭守敬掌握了纵横数百里地区内地势起伏的变化。长期的实践使郭守敬深感应确定一个衡量各处地势差异的统一标准。最后，他以海平面为基准，将大都（北京）到汴梁（开封）沿线各地的水平高度与海平面逐一比较。齐履谦《知太史院事郭公行状》载："又尝以海而较京师至汴梁地形高下之殊，谓汴梁之水，去海甚远，其流峻急。而京师之水去海至近，其流且缓，其言信而有徵，此水利之学其不可及者也。"这表明他意识到由于汴梁的河水距离海平面较远，所以水流湍急，而大都的河水距离海平面很近，故水流缓慢。这是我国史书上第一次记载利用海平面作为基准来建立统一的高程系统，是当今地理学中一个重要科学概念——"海拔"的首次提出和应用。在郭守敬之前，我国一直使用相对高度概念，只能计算和比较相邻两地的高度，即乙地比甲地高（低）多少。自郭守敬之后，人们可通过一定的换算得出相距较远的两地的高差。郭守敬在世界测量史上首次运用"海拔"这一科学概念，比德国数学家高斯提出的海拔概念早了约560年，达到了世界先进水平。

郭守敬提出的海拔概念，在我国乃至世界测绘史上具有重要意义，是我国大面积测量发展到一定水平所孕育出的杰出科学成果。直到今日，世界各国的区域性测量，其水准测量成果均纳入以海岸某点的平均海水面作为基准面的高程系统。我国以青岛验潮站1952—1979年潮汐观测数据为基础确定的平均海平面作为法定的高程起算基准，并在青岛设有水准原点。

四、通惠河工程的水源问题

（一）通惠河工程的缘起

1153年，金朝迁都燕京（今北京），取名"中都"，北京的建都史以此为开端。1267年，忽必烈下诏迁都中都。1272年，中都改名为大都。整个大都布局近似方形，占地近50平方千米，是唐代以来中国规模最大的一座新建城市。从此，北京成为全国的政治、经济和文化中心。

大都人口在元朝初期约为50万，至元朝中期已接近百万。如此庞大数量的人口，消耗粮食、物资必定十分惊人,加之元朝初年连年对外战争,也需要供应大量的军粮。据史料考证,元朝都城每年的粮食需求量都在百万石以上(元代一石约为现在的60公斤)。对于如此庞大的粮食需求,耕种区域有限的华北平原必定难以满足,元朝必须从全国范围内征集物资,其中主要的征集地就是富庶的江南地区。

为把江南的粮食运送至都城,元朝先后用了十几年时间开通海运,疏通京杭大运河,经由这两条线路运输的物资皆可到达通州。物资在通州一部分经过金代的旧河道转运至大都,但旧河道每年的运量仅在三四十万石,剩余的物资则必须经过陆路运至大都。通州和大都相距较远,陆路运输会耗费大量的人力、物力,遇到恶劣天气,道路泥泞,常有车辆陷入泥中,死伤大量牲口,民夫艰辛不堪,致使粮食经常不能按期运到。为解决大都与通州之间运输的"瓶颈"问题,元朝政府计划修建通惠河。

通惠河的修建并非轻而易举之事。由于通州地势低于大都,想要成功开凿通惠河只能采取从大都引水流往通州,沿途设置闸坝,使南来的漕船逐级上驶的方式。当时,从江南而来的船只非常多,对通惠河的水量提出了更高的要求，必须从大都周围寻找尽可能多的水源以保证通惠河的水量。

自金朝建都中都以来，人们就一直想开辟一条运河，解决通州至京师的运输问题。然而，先后开辟的几条河道，有的因为水源紧缺而干涸，有的因为所引河水泥沙含量较大易淤塞，有的因为地势陡峻河水流失，最终都失败了。

中统三年（1262年），元重臣张文谦向世祖忽必烈引荐了郭守敬，郭守敬于上都（今内蒙古自治区锡林郭勒盟）参拜世祖，面陈水利六事。其中有两事涉及大都水运："其一，中都旧漕河，东至通州权以玉泉水引人行舟，岁可省就车钱六万缗。"（齐履谦《知太史院事郭公行状》）他否定了前代引永定河浑水而改以北京西郊泉水为源，通惠河工程构想初见端倪。其二，建议疏浚通州以南白河、御河。不久，便实现了御河至潮白河段的治理，开通了通州至临清的水运。与此同时，制定新历法的工作也紧锣密鼓地开始了。郭守敬从工部调往太史院，运河工程遂告暂停。而郭守敬对中都水利的治理，部分解决了京城用水、农田灌溉和漕运问题，特别是通过这些河道将西山大量的石材、木材运抵城内，大力支持了元大都的城市建设，然而未能从根本上解决大都的漕运问题。

郭守敬心中始终放不下大都的漕运工作，在完成了《授时历》的编撰工作后，他又一次投身到水利工程的建设当中。此时的郭守敬已经具备了丰富的水利知识和水利实践经验，形成了一套完备的水利思想体系。他认真总结了前人和自己早年治水的经验教训，并在大都周围仔细勘测水文和地势起伏情况。经过多次反复实地勘察，他根据北京城地形水文情况制定了可行的开凿方案。1291年，时为太史令的郭守敬再抵上都，"别陈水利十有一事"。此次，他对运河水源的引取、水量调蓄、运河节水等工程设置已有缜密考虑和基本工程规划："别引北山白浮泉水，西折而南经瓮山泊（清代以后称昆明湖），自西水门入城，环汇于积水潭，复东折而南出南水门，合入旧运粮河。每十里一置闸，比至通州凡为闸七。距闸里许上，重置斗门，互为提阏，以过舟止水。"[1]至此，通州至北京运河工程设施和布置大局已定，积水潭以下是运河的主体工

---

[1] 宋濂，等.元史：卷一百六十四·列传第五十一[M].北京：中华书局，1976.

程，积水潭以上是运河辅助工程（水源、输水和蓄水调节工程）。通过水利设施将北京西郊的泉水引入瓮山泊（今颐和园昆明湖），再通过输水渠道进入市区的积水潭（水域包括今北海、中南海部分水域），在积水潭调节后有控制地向运河供水。运河航道上修建的节水闸，可逐段保障通航水深。

  由于在此之前北京已有两条连接两地的河道，且保存状况尚好：一条是金代闸河，以中都城北护城河为起点，东流至通州城北，注入北运河；另一条是萧太后河，位于北京城东南，起点位于辽南京城迎春门（原宣武区西南部），东南流向张家湾，与北运河相接。为了尽量避免劳民伤财，郭守敬在两条河道中选择了离大都城距离较近、保存状况较好的闸河作为疏浚河道，同时根据实际情况对河道进行了调整，将起点改至积水潭（今什刹海）东南岸，并将河道下游改至通州东南，在张家湾注入北运河，这即是通惠河的路线规划。

  运河路线与工程虽然确定，但还需解决最重要的问题——水源。对于一条运河来说，其成功与否的关键就在于其是否有稳定的水源，这对北方少雨地区的运河来说尤其如此。

（二）通惠河工程规划与实施

由于北京位于华北平原西北端，地势西北高、东南低，要保证水源能够自行平缓地流入漕运河道，新的水源必须位于北京西北部海拔较高的位置。元朝初期，郭守敬曾以金代旧水源瓮山泊为通惠河供水，水源仍旧不足。为寻找稳定的水源，郭守敬在大都周边进行仔细勘察后，发现北京昌平温榆河上源地区水源丰富，散布着诸多泉眼，其中白浮泉水量充足、流量稳定，是通惠河理想的水源。于是，郭守敬计划以白浮泉为起点，将周边诸泉汇集在一起，再引至大都。1292年，郭守敬再次任都水监，被授命主持通惠河施工。《元史·河渠志》记载施工前郭守敬再次上奏运河事："疏凿通州至大都河。改引浑水溉田。于旧闸河踪迹导清水，上自昌平县白浮村引神山泉，西折南转，过双塔、榆河、一亩、玉泉诸水，至西（水）门入都城，南汇为积水潭，东南出文明门，东至通州高丽庄入白河。总长一百六十四里一百四步。塞清水口一十二处，共长三百一十步。坝闸一十处，共二十座，节水以通漕运，诚为便益。"

不过工程实施起来却并不简单,这是因为白浮泉距瓮山泊约四十里路,之间有众多山谷和河道,高低起伏较大,引水路线如何选择是工程的难点。在今天的施工技术中,我们可以通过全站仪、水准仪等现代化的测量设备轻松地测出两地的高差,在古代社会这是个难题。为此,郭守敬想到可以选择一个固定的参照点,通过和它对比获得绝对高度,以此确定不同地点的高差,这个参照点郭守敬确定为海平面。通过不同地点海拔高度的对比,郭守敬最终确定了一条海拔高度逐渐降低的路线,这条路线绕开了白浮泉和瓮山泊之间的山谷河流,先是自白浮泉向西,而后沿西山山麓南行,再东南转向瓮山泊,整条路线略呈"C"字形,沿渠修筑堤堰。

整条引水渠在途中还汇集了一亩泉、马眼泉、王家山泉等十余口泉水,溪流汇集成了一条水量丰沛的大河。山谷溪流与引水渠相接时出现了一个新的问题:即山洪大时可能会将引水渠直接冲毁,后期修复起来较为麻烦,为此,郭守敬想到在引水渠与山溪间交叉处采用一种"荆笆编笼装石"的溢流坝,山洪大时,能自动溃决泄洪,修复时工程量也不大。这种结构称为"清水口",巧妙地解决了引水渠和山溪相接的问题,为引水渠提供了稳定清洁的泉水。

通过精确计算、巧妙设计的引水路线,郭守敬将白浮泉和沿途众泉水成功引至瓮山泊,并在瓮山泊入水口和出水口各设一座水闸,将瓮山泊改造成了一个大的人工调节水库,然后通过高粱河将水导引至大都城内的积水潭,再以积水潭和通惠河相接,以此解决了通惠河的水源问题。

郭守敬的这一规划有两处是通惠河成功修造的关键:①引泉水济漕运,使运河水质得到改善;②改天然池沼为济运水源的人工调蓄水库,使运河供水得到保障。

(三)通惠河工程中体现的水利思想

当郭守敬在天文历法领域大展身手时,他对水利事业的发展仍然深藏难以割舍的情怀,而通惠河工程就是他从事水利工作的代表作,也可以说这个工程汇集了郭守敬水利思想之大成。

第一,通惠河的修建反映了郭守敬利国利民的主导思想。从1276年开始,郭守敬奉命参与历法改革工作，在持续14年的工作中，贯通京杭运河的宏愿一直在他心中挥之不去。于是在他倾注心力完成《授时历》后，他将目光再次投向心仪的水利事业。大都建成后，来自南方的粮草、物资漕运至通州后，需要陆路运输至大都，遇到了很多问题。积极开发水源，令漕运直达大都城区，这种利国利民的思想驱使着他义不容辞地投入通惠河的规划建设中。

第二，通惠河的修建反映了郭守敬心思缜密。大都的西北有许多泉水，要调集这些泉水包括沿途的河溪作为通惠河的水源，郭守敬因势利导，设计了非常合理的引水路线——白浮瓮山河工程。早在1262年，郭守敬曾经开玉泉水通漕运，初步解决了当时水源和漕运的困难。但是因玉泉水量有限，漕运规模小，漕运仍然不通畅。当大都建成后，找到新的水源成为都水监郭守敬考虑的重要问题。经过大量实地调查，郭守敬的目光集中在玉泉山西北几十里的温榆河上游地区，从昌平白浮泉到玉泉，有众多的泉水及山溪。而引用这些泉水的运渠也必须沿山麓布置，故不可避免地要多次与山溪相交。同时，夏季山洪暴发对渠道的安全构成巨大威胁，增加了引渠工程的复杂性和艰巨性。为此，郭守敬修建了大量的"清水口"工程。他采用河流与渠道平面交叉技术，即把山溪入口侧河堤修建得很低，保证山溪来水可以直接流入渠道；而入口对面山溪下游侧的河堤，使用竹笼装石或荆笆编笼装石等临时性材料。平时山溪或泉水可以自然流入渠道增加水量；而当山洪暴发时，荆笆编笼装石堤岸将被冲毁，形成缺口，让山洪能很快从原来的河床排泄到下游。这样山洪过后，仅用比较少的人工，就能很快将堤岸修复，使渠道恢复正常通水。这与都江堰的泄洪工程飞沙堰类似，都是"自溃坝"建筑。从建成后的白浮瓮山河走向分析，其路线与今日修建的京密引水渠非常接近。其渠线测量技术要求非常高，数据精确。32千米长的白浮瓮山河渠道高差仅4米，纵坡降在万分之一左右，这与郭守敬掌握的精密的测量技术是分不开的。郭守敬设计的白浮引水方案成功引水入京，以今天的水利科技水平衡量，堪称最佳方案。

第三，通盘考虑的全局思维。在通惠河引水工程中，郭守敬十分明智地把瓮山泊作为引水工程的终点站，同时又将其作为漕运河渠工程的起始点，这不但大大增加了瓮山泊的水源，而且使其成为通惠河的一级调节水库,起着调节水量、以利漕运、灌溉、防洪等作用。这也是北京历史上第一座人工水库。而积水潭这一天然的水体,在整个通惠河工程中,被选定为通惠河漕运的终点站,也是最大的码头。如果说瓮山泊是一级调节水库,积水潭则是二级调节水库,它们相互配合,使二级调节水库积水潭更为安全,保有的水量也更稳定,进而在调节漕运河渠的水量方面起着更有效的作用。

第四,精准与因地制宜。大都从西北到东南坡降过大,面对这一地势特点,郭守敬认为必须设置坝闸才能实现通漕。要合理地选择设置坝闸的地点并非易事,郭守敬经过认真的勘察测算,成功解决了这一难题。"节水以通漕运"是郭守敬谋划通惠河漕运工程的总体设计思想,合理地设置坝闸实现人工控制水流,就是这一思想的体现。自瓮山泊到李二寺的通惠河漕运渠道上一共设置了24座坝闸,坝闸地点及数量的选择综合考虑了其间的距离、高差和坡降,以实现既可加快漕船经过的速度,又可降低渠道存在的安全隐患的目标。这些坝闸地点的选择是郭守敬在考察地势的基础上因地制宜的结果,同时也和郭守敬早年在邢台城北治水时一样,"询访耆旧",对金代原有渠道进行历史考察有关。

第五,科学、合理的施工管理。郭守敬是通惠河工程施工的总指挥,面对工期紧、工作量大、地域广、塞清水口工程与坝闸工程技术含量高等情况,郭守敬必须作出全盘的施工规划,分别制定针对各个具体工程的技术和质量要求,以便有条不紊地施工。郭守敬在施工中所采取的"度其高深,画地分赋之"的方法,同在邢台城北治水中"分画沟渠""立准计工"的方法是一脉相承的,是郭守敬施工管理科学化、合理化思想的又一反映。通惠河工程从正式开工到完工仅用时10个月,其效率之高令人惊叹,这与郭守敬科学的管理密切相关。

第六,实现了漕运、供水、灌溉与环境的综合效益。通惠河工程规划设计的又一重要理念与目标,是在保证漕运供水的同时,还能保证大都城市生活与园林用水,并兼顾周边的农田用水,实现航运、生活、农业用水及防洪等功能的综合利用效益。其一级调节水库——瓮山泊成为一处风景秀丽的游览胜地,游人可由大都沿通惠河乘舟而至;其二级调节水库——积水潭作为大运河漕运的终点，不仅风景优美，而且其周边还成为相当繁华的商业区与文化区。通惠河蜿蜒流过市中心，郭守敬还规划了一系列桥梁工程，这说明郭守敬在规划通惠河工程时，充分考虑到河渠开凿可能给两岸交通带来的不便，体现了他以人为本的思想。

第四节 综合思维与科学管理

在郭守敬从事科技事业的过程中，一直重视实地考察和调查研究，并在此基础上进行科学合理与精细的规划设计，保证工程有条不紊地展开，并按时保质保量、经济实惠地达到预期的目的。

一、邢州治水、西夏治水与水驿

在邢台城北治水的设计中，郭守敬"分画沟渠"，使潦水、达活泉与野狐泉"三水各有归宿"，不再失控漫流。"择可劳而劳，因所利而利"，则是"分画沟渠"所依据的主要原则之一。即因地制宜、因势利导地确定或疏浚、或筑堤、或修桥，既使沟渠的选线顺应地形水势，又使沟渠的筑成达到事半功倍的效果。"分画沟渠"的另一层含义是，在施工时分片组织，同时开工，各工段各尽其责，以达到预期的质量标准与工期要求，这对加快工程的进度并保证工程的质量是十分有力的措施。此外，在施工中，郭守敬还"立准计工"，所谓"立准"指建立施工质量的标准与计算工作量的方法，而"计工"指按既定的标准与方法对难易各异的具体工程计算所需投入的工时。这些是郭守敬力图使施工有条不紊以及使工程的质量与工作量都数量化的重要尝试，是组织管理科学化、合理化思想的反映。该项水利工程之所以能"凡役工四百有畸，才四旬而成"，这些思想和重要尝试起了相当关键的作用。郭守敬在水利领域初显身手，便在规划设计、施工管理等方面显露出非凡的才华，闪烁着科学思想的光辉。

1264年，郭守敬奉命前往西夏治水，在这一过程中，"因旧谋新"是他采取的重要治理原则，这是对西夏古渠现状进行考察而提出的实事求是的原则。郭守敬考察发现：西夏古渠是规划设计相当合理的庞大的灌溉系统，只因年久失修，部分渠道淤塞，堤防与水闸损坏，致使大片灌溉系统失灵，造成变利为害。基于这一总体的判断，郭守敬提出的"因旧"就是充分利用古渠已有的良好基础，而不必大兴土木、另修渠道；而"谋新"则是疏浚淤塞的渠道，"更立闸、堰"，即把年久失修的、影响古渠发挥其原有功能的关键部位或设施加以修复。这一治理原则的实施，达到了"役不逾时而渠皆通利"的理想效果。

在建立冀鲁豫地域水驿的过程中，可看到郭守敬的规划设计思想。一是充分发挥已有天然河道与湖泊的作用，将卫河、马颊河、徒骇河、微山湖、泗河、大汶河（大清河）、东平湖、黄河、梁山泊等均纳入视野，令其发挥各自的作用，这就十分经济地奠定了这一大型交通网的基本框架。二是使这些水系相互连通，因地制宜地选择适当地点开挖人工渠道，令两河相接，这些是该大型交通网的关键工程。其中，不少人工渠道并不长，反映了既合理又经济的实施原则。三是着力建立以大约地处中心的东平（今山东东平）为整个交通网的枢纽，又以其西南的卫州（今河南卫辉）、其西的大名（今河北大名）、其南的济州（今山东济宁）

为水驿，这些水利工程的建成，对卫州与大名作为物资集散地地位的形成起到了促进作用。而庞大交通网的形成，既使枢纽和水驿如虎添翼，又促进了周边地区的发展。郭守敬奉命设立水驿，达到了预期的目标，为统一中国起到了重要的作用，更为其后京杭大运河的开通创造了关键的条件。

发挥多个水利工程的整体效益或综合效益，是郭守敬水利思想的重要组成部分。上述西夏治水工程、冀鲁豫水系的联网及水驿的建立，都是这一思想的体现。总之，郭守敬在治水工作中，充分考虑了发挥水利工程的灌溉、航运、防洪、城市供水与改善环境等功能。在可能的条件下，他总是尽力使水利工程多功能化，规划设计有关功能的不同组合，而这些不同组合的选定，都是建立在因地制宜、实事求是的原则基础之上的。

二、会通河——大运河的裁弯取直

1272年，忽必烈将国都定在燕京并改称大都，打破了宋代以前中国历代大一统王朝将国都定在中原腹地长安、洛阳或开封的局面。这样，以洛阳、开封等城市为中心呈扇面展开的大运河，也不得不将重心移到了最北端——大都。当时的南北物资运输主要有两条途径。一是海运，海运缺点是海难较多，常有船舶翻沉或漂失。二是水陆转运。这条运道需要转卸货物多次，耗费人力、畜力，雨天道路泥泞，行进更为艰难。因此，如何将大运河截弯取直，从淮北直接穿过山东进入华北以达大都，成了元政府面临的难题。

1275年，元军大举进攻南宋。因军事转输问题，元廷"命守敬行视河北、山东可通舟者"。郭守敬通过实地勘察，初步形成了大运河弃弓走弦的方案，就是将隋朝完成的大运河截弯取直，北端自大都起至通州，保留永济渠河北段，后进入山东德州，再南下临清、聊城、济宁，进入永济渠、山阳渎，经扬州越过长江与江南运河连通，直达运河最南端的杭州。其关键是济宁到临清之间需要人工开凿河段，如同隋唐运河这条弯弓之"弦"。弃弓走弦后的这条南北大运河，比起扇面展开的隋唐运河，航路大大缩短。

1281年12月，依郭守敬的规划方案，元政府派兵部尚书奥鲁赤负责修建自济州（今山东济宁）至须城（今山东东平）安山镇的济州河。济州河引汶水、泗水为源，当时亦称"东平府南奥鲁赤新修河道"。济州河挖成后开始了引水工程建设，主要是开挖引水河道与对相关河流上原有的闸堰进行改建。漕路由淮河入泗水（今中运河）经济州河北达安山，出大清河（今黄河下游）经东阿（在今山东东阿南）利津入海，漕船再循海岸北上入直沽（今天津大沽口）转赴大都。这样，南来漕船可直入大清河至利津县出海，经海运至大沽以达通州，后来又改由安山以北陆运至临清转入御河抵通州。这两条运输线路或风险太大或耗费人力，于是开凿一条将济州河与御河连接起来的新河道的必要性提上日程。

按照郭守敬事先规划好的路线，工程于1289年正月开始，半年竣工。会通河起于须城安山之西南，止于临清之御河，全长约125千米，初名安山渠。由于它是通江淮之运的黄金水道，忽必烈将之命名为"会通河"。

第五节　敬业奉献与团队合作

一、《授时历》的编撰与颁行

至元十三年（1276年），元世祖忽必烈设立太史局，重新修订历法。作为元朝重大的科学技术事件之一，《授时历》的编撰从组织安排、人才调集、天文观测乃至历代历法的分析研究与改进、创新，都离不开卓有成效的团队合作。《授时历》的完成，在中国古代天文历法中居于领先地位。

(一) 修历的组织工作与核心成员

据《元史·世祖本纪》记载，忽必烈"以（重修）《大明历》浸差，命太子赞善王恂与江南日官置局更造新历，以枢密副使张易董其事。（张）易、（王）恂奏：'今之历家，徒知历术，罕明历理，宜得耆儒如许衡者商订。'诏衡赴京师。"一场策划周密、规模宏大的天文历法工作由此展开。

在组织方面，王恂除了对算术造诣精深，也因为对"性理之学"的深研及育人治世的心得，深受忽必烈和太子真金的赏识，成为历法改革总负责人的首选。

张易是"紫金山五杰"之一，作为"兼知秘书监事"，以监管司天监的职务参与到历法改革工作中。

王恂受命之后认为，"历家知历数而不知历理，宜得衡领之"。他推荐许衡，除了因为许衡明于历法之理、有过人之处以外，也希望德高望重、学识渊博的一代学界领袖作为修历的总顾问，能够指导历法改革的基本理论，帮助把握历法改革的正确方向。

恰在此时，"紫金山五杰"中的张文谦因为"自知为奸臣所忌"而主动要求加入改革的核心团队，于是忽必烈"乃授文谦昭文馆大学士，领太史院，以总其事"。与张易作为监督者不同，张文谦更多是作为协调历法改革的执行者身份出现的。

郭守敬的参与颇具戏剧性。当时郭守敬作为工部郎中，一直从事水利工作。至元十四年（1277年），秘书监张易举荐了他。因为当时在紫金山的接触，张易、王恂和张文谦深知他在天文仪器制造和天文观测方面颇有天赋，所以原本安排郭守敬的工作是监修浑天仪等天文仪器并参与测验，哪知很快郭守敬就成为历法改革的核心人物。郭守敬早就知道札马鲁丁制造了七件"西域仪象"，同时有感于观测仪器的极度重要性，因此在"公首言历之本在于测验，而测验之器莫先仪表"之后，得到了许衡、王恂等人的赞同。

1277年，忽必烈最终确定了历法改革的核心组织与人才调集的总体布局。王恂和郭守敬分别主管推步与测验这两项历法改革，既相互联系，又有所区别。至此，五位天文历法领域的行家里手，形成了优势互补、密切合作的新建太史局的核心人物。

同时，他们调集了30位学有专攻、熟悉天文历法的专门人才，并在全国范围内招收青年天文历法人才，齐履谦就是其中的典型人物，他后来成为郭守敬的得力助手，并在天文历法与仪象领域均有所作为。在历法改革的过程中，也不断有新人加入，杨恭懿就是其中的重要人物。

总之，为了历法改革，忽必烈采用的是专家治历的路线；王恂和郭守敬采用的是上下协调、各尽所能、分工合作的组织路线。他们组成的高效、创新型团队为历法改革的成功提供了组织和人才保证。

（二）研究过程中的团队合作与治历初成

1277年，郭守敬组织"南北日官"中的一些人进行晷影测量工作，前后持续了三年半。与此同时，还开展了一系列的相关测量工作，如对五星运动状况、全天恒星位置的测量等。上述这些目的明确、工作量大的测量工作，为新历法的制定提供了大量第一手资料。

1279年，郭守敬向忽必烈建议开展"四海测验"。为此，忽必烈下诏要求郭守敬承担选拔"四海测验"监候官的职责。同时，应郭守敬的请求，"敕郭守敬繇上都、大都，历河南府抵南海，测验晷景"（宋濂《元史·世祖本纪》）。也就是确定4个测量工作的试点，目的在于积累经验，选拔与培养人才，为其他23处地点的测量工作的逐步开展创造条件。

除了天文测量工作以外，王恂、杨恭懿、郭守敬还开展了一系列针对"冬至刻""交食"及前代历法的研究。正是在团队合作的基础上，他们才能够指出前代13家历法的创新之处，使其成为《授时历》制定最重要的基础之一。

1280年，张易、王恂、许衡、郭守敬等人向忽必烈奏报说新历法已经初步告成。在王恂、许衡作过简要介绍后，由郭守敬对历法详加陈述；杨恭懿强调了"顺天以求合"的治历思想，对初始简仪、高表与景符的特色与优点进行简要说明，认为还需要更长时间的测验。杨恭懿还提到历法改革存在的不足：因为修复后的宋皇祐浑仪观测效果不是很理想，新的天文仪器还不齐备，所以还不能对日月五星运动的状况进行更精密的测量,"四海测验"亦未全面完成,这些都需留待日后继续进行。此外,他还说明已运用初始简仪与四丈木制高表对有关天文数据进行了测量以及历法改革的若干要点等情况。

至元十七年(1280年),新历编成,忽必烈赐名《授时历》,并于1281年颁行全国。

二、凝聚集体智慧的资料整理

在郭守敬出任太史令后,《授时历》仅成初稿。规整的推步方法、一系列天文数据、大量观测资料和诸多研究心得有待整理与总结,郭守敬义不容辞地承担起了这些繁多而重要的工作。在整理与编纂工作中,齐履谦是郭守敬的得力助手之一。至元二十七年(1290年),郭守敬及其团队终于完成了一系列论著,为这一集体完成的杰出工作画上了圆满的句号。

郭守敬所撰五种二十六卷著述包括:《推步》七卷。依次为《步气朔第一》《步发敛第二》《步日躔第三》《步月离第四》《步中星第五》《步交会第六》和《步五星第七》,现载于《元史·历志三》和《元史·

历志四》。其中，步中星的内容主要是关于昼夜时更点的计算和与之密切相关的太阳视赤纬值的推算，以及昏、五更与旦中星宿度的推算，未涉及晷影长度的问题，这与前代历法的步晷漏有所不同。

《立成》二卷——《授时历》有关的天文数据表格，现载于《元史·历志三》和《元史·历志四》。在韩国汉城奎章阁藏有《授时历立成》❶1册，为17世纪朝鲜世宗时期的刊本。据研究，其为元代的作品，很可能就是这里所说的《立成》二卷。其内容包括："太阳冬至前后二象盈初缩末限""太阳夏至前后二象缩初盈末限""太阴限数迟疾度""五星（木星、火星、土星、金星、水星）立成""四暗星"与"授时历日出入晨昏半昼夜分"等立成。此中"四暗星"亦称"四余星""四隐曜"，是四个假想的天体，分别为罗睺（黄白道降交点）、计都（黄白道升交点）、紫气（一个以28日行1度的恒定速度从西向东运行的假想天体）与月孛（月亮近地点）。《授时历立成》署名为王恂、郭守敬。这大约是郭守敬当年上呈该著作的署名方式，足见郭守敬对亡友王恂的极大尊重和对王恂功绩的充

---

❶《授时历立成》为韩本名称，为1册上、下两卷。

分肯定，也是郭守敬谦虚谨慎品格的体现。

《历议拟稿》三卷。这是关于《授时历》治历原则、革新内涵与前代历法得失等内容的阐述，其丰富内容应出自以郭守敬、王恂为代表的科学家的思考。

《转神选择》二卷和《上中下三历注式》十二卷。这些是供颁布历书时撰写历注之用的著述。

由此可见，它们是对《授时历》合理性、先进性的阐述或同《授时历》的具体推步和颁布历法中的历注关系密切的著作，是郭守敬用了大约六年的时间先后完成的。

1286年到1290年，郭守敬用大约4年的时间先后完成了以下第二批著述，计九种七十九卷。

《时候笺注》二卷——是关于二十四节气和七十二候的论述。

《修改源流》一卷——是关于前代诸历法沿革及其主要特征的简要评述。

《仪象法式》二卷——是关于所制天文仪器的尺度、形制等的记述。

《二至晷景考》二十卷——是对古今晷影测量及二至时刻推算方法与结果的详尽考证。其内容在《授时历议》"验气""冬至刻"等篇章中有所反映，但较之有更具体的推算和更详细的讨论。

《五星细行考》五十卷——是对五星运动有关周期、五星位置推算方法及其观测结果的详细论述。

《古今交食考》一卷——是关于古今日月食的考证。其内容在《授时历议》"交食"中有所反映，但较之更详细。

《新测二十八舍杂坐诸星入宿去极》一卷——是一部用简仪观测而得的二十八宿和其他传统星官的入宿度与去极度等坐标值的星表。

《新测无名诸星》一卷——是一部用简仪观测而得的二十八宿和其他传统星官之外的一批恒星坐标值的星表。

《月离考》一卷——是关于月亮运动的研究。

郭守敬大约花费了十年光阴，倾注心力先后完成了一系列著作，对《授时历》的编制及后续的天文观测工作作了全面、系统的总结，构成了一个严密、完整的天文历法论著体系，十分出色地展示了中国传统天文学发展高峰的面貌。

三、鞠躬尽瘁的晚年

（一）主持天文工作

在《授时历》初成后不到二年，除郭守敬外，历法改革的其他四位核心人物先后去世，杨恭懿也离职而去。郭守敬可以说是临危受命，独自承担了完善《授时历》的历史使命。

《授时历》初成时，郭守敬所设计的一系列天文仪器并未制作齐备。继续完成设计的全部天文仪器，是郭守敬继任太史令后的首要任务之一。在今河南省登封市告成镇的四丈高表，是郭守敬在1281年之前制成的仪器之一。在《授时历》颁行以后，郭守敬对日月运动的观测工作并未终止，而是依据新的观测成果对《授时历》的若干数据与表格进行了修订。他继续进行"四海测验"，对之前的测量结果进行核实，并对未曾测量的地点进行补测。

所有这些后继的天体测量工作，无疑都进一步充实了初成的《授时历》，使之趋于完善。

（二）老骥伏枥

1294年，郭守敬已经64岁了。他回到天文历法领域后，在天文仪器等仪象上又有创新之作，依然保持着旺盛的创造活力。

郭守敬依据口耳相传的木牛流马资料进行了再创造，这显然是为了便利陆路运输而设计的，其具体创造时间可能略早于1294年。郭守敬应是在主持通惠河工程的同时抑或之前，便有了关于七宝灯漏和木牛流马研究的预案，然后指导他的学生齐履谦完成了七宝灯漏的具体制作，这才使他在紧张地主持完成通惠河工程后不久即"进七宝灯漏"成为可能。1295—1307年，郭守敬又先后呈进了柜香漏、屏风香漏、行漏、浑天漏，它们与前述的七宝灯漏一样，都是计时仪器。

1298年以后，郭守敬曾试图仿制东汉张衡的候风地动仪。据史载，其时前后时有地震发生，这应当是郭守敬在这一时期有仿制候风地动仪之举的直接动因，也是郭守敬社会责任心和科学进取心的充分体现。他曾对自汉代以来的一种特殊的测验冬至及预测该年丰歉的方法进行研究，但皆未获成功。前者大约因有关张衡候风地动仪的记载过于简略所致；后者则由于所研究的对象缺乏科学性，确如有人指出的那样，白白浪费了他晚年的宝贵时间。

1303年，郭守敬已72岁，依原本的诏令已属于应该退休的行列，可是元成宗非但没有批准郭守敬退休的请求，反而对原定的诏令作了修改，规定集贤院、翰林院和太史院老臣可以不退休。这一因郭守敬而起的非同寻常的修改，不但因为郭守敬的特殊贡献所致，更因有若干非郭守敬莫属的工作尚待展开。

晚年，郭守敬一直在主持或指导日常的天文观测工作，对日月五星的运动继续进行研究；主持或指导《授时历》的编纂工作；培养与举荐天文人才，如岳铉、齐履谦等。这些日积月累的、难以一时见效的工作，使郭守敬有一个普通但又不平凡的晚年。

第四章 郭守敬科技贡献的影响

郭守敬在中国科技发展史上具有重要的地位,他的科技成就不仅对当时的社会产生了积极的影响,而且对后世及世界的科技发展也产生了深远的影响。

第一节 郭守敬科技地位的综合评价

一、元代有关郭守敬科技工作的评述

1251年,郭守敬主持的邢台城北的水利工程取得成功后,著名文学家元好问创作了《邢州新石桥记》,并刻石立于新石桥之侧。"分画沟渠,三水各有归宿。果得故石梁于埋没之下,矴石坚整,与始构无异",表

达了他对郭守敬由衷的赞扬。郭守敬初出茅庐，便有碑石颂其功绩，奠定了他在水利领域的历史地位。

1262年，张文谦以"习水利，巧思绝人"为说，向忽必烈举荐郭守敬。张文谦的"巧思绝人"之说，显然不仅指水利领域，而且在仪象制作领域，郭守敬的才华都是突出的，是对郭守敬中肯、确切的评价。这实际上已成为公认的对郭守敬的历史性评价之一。

1264年，郭守敬在西夏治水成功之后，"夏人共为立生祠于渠上"。这是西夏百姓深得郭守敬治水之利而发自内心的行动。当时郭守敬年方34岁，为之立生祠之举，足见人们对他水利功绩的景仰和他在人们心目中的崇高地位。这时的郭守敬已是一位声名远扬的水利学家，百姓的立生祠之举，是对他在水利领域所应占有的崇高历史地位的充分肯定。

1276—1280年，郭守敬参与《授时历》编制过程中，得以与他的师友和学界名家合作共事。他少年时代的同窗王恂对他十分敬佩，对他在仪象制作领域的出众才华深表敬意，曾多次到访郭守敬的工作场所，对他的精湛技艺和组织能力心服口服。许衡是当时学界的领袖人物，他对郭守敬的言论和成就也给予了高度评价。许衡曾目睹了郭守敬在仪象制作、天文观测与历法制定诸领域的真知灼见，以及他在工作中的敬业精神和组织能力。许衡认为，郭守敬在《授时历》的编制中发挥了无可替代的作用，他的工作对江山社稷具有重大贡献。

1279年，郭守敬"奏进仪表式样。公（郭守敬）乃对御前，指陈理致，一一周悉。自朝至于日晏，上（忽必烈）不为倦"。这说明忽必烈对郭守敬所设计的一系列天文仪器的极大兴趣和充分肯定。

1281年，《授时历》颁行不久，姚燧在《简仪铭》与《仰仪铭》，杨桓在《浑象铭》《玲珑仪铭》《高表铭》等铭文中充分肯定了郭守敬所制天文仪器的巧思、创新和在天文仪器发展史上崇高的历史地位。由之可见，当时人们对郭守敬所制天文仪器的科学技术地位及对所处时代政治意义的肯定。

1293年，通惠河工程完工后，忽必烈对郭守敬赞赏有加，"赐（郭）守敬钞万二千五百贯"。据《元史·食货志四》，元代司天监监正的月俸为"五十三贯三钱三分，米五石"，都水监监正的月俸为"五十三贯，米六石"。由之可见，这一赏赐与司天监监正或都水监监正约20年的年俸钱相当，应该说是重奖了。这是忽必烈对科学技术工作施行物质奖励政策并不多见的事例之一。从这一角度亦可见忽必烈对通惠河工程的高度重视和通惠河工程的重大意义与价值。

1298年，郭守敬对铁幡竿渠的开凿提出了指导性意见，执政者未予重视，导致"漂没人畜庐帐，几犯行殿"。元成宗对大臣说道："郭太史（守敬）神人也，惜其言不用耳。"这里，郭守敬被最高统治者称为"神人"，是对郭守敬的科学方法与先见之明的由衷赞叹。

郭守敬的学生齐履谦对他的评价是，"（郭守敬）以纯德、实学为世师法"。这里所说的"纯德"指的是纯粹的道德或品德，在之前有关郭守敬的评论中很少提及，因为太多集中于对他"实学"的赞颂。我们相信齐履谦对郭守敬"纯德"的赞许并非空穴来风，只是在这里没有详细说明。如前所述，郭守敬实事求是、精益求精、尊重传统、勇于创新的种种表现，也应该是"纯德"的内涵之一。清代梅文鼎指出："据史，立成之算皆太史令王公（恂）卒后，经郭公（守敬）之手而后成书。今监本只载王（恂）名，盖不敢以终事之勤没人创始之美，古人让善之义令人起敬也。"说到

"实学",齐履谦所作的总结则十分具体与精到:"然其不可及者有三:一曰水利之学,二曰历数之学,三曰仪象制度之学。"关于历数之学和仪象制度之学,齐履谦进一步评论说:"观其规画之简便,测望之精切,功智不能私其议,群众无以参其功。"杨桓也指出:"郭守敬颖悟天运,妙于制度,凡仪象表漏,考日时,步星躔者,悉付规矩之。"在元代,空谈性理之学以追求功名的儒者不乏其人,郭守敬则不屑于此。他毕生的精力,都投入了有益于国计民生的实学领域,并取得了一系列非凡的成就。他的务实精神和与之相关的科学技术思想连同他的成就,为世人树立了榜样,得到了世人充分的肯定和高度评价。

二、明代有关郭守敬科技工作的评述

明代的《大统历》是在《授时历》基础上的简单修改,史称"惟明之《大统历》,实即元之《授时》,承用二百七十余年,未尝改宪"。可以说,《授时历》是中国古代诸多历法中,在中国颁行时间最长的一部历法。

明代没有进行历法改革，自有它内在的诸多原因。其中，《授时历》确为优秀的历法，以致明代人缺乏超越它的实力，当是原因之一。此外，除浑仪外，明代所制造的天文仪器大都是郭守敬所制若干天文仪器的复制品或仿制品。明英宗曾御制《观天器铭》，对郭守敬所创制的简仪精到之处大加赞扬："简仪之作，爰代玑衡。制约用密，疏朗而精。"其对简仪的完备、简便、合理与精密，对郭守敬的妙思、巧制、继承与创新，给予了全面与中肯的评论。可见，郭守敬所制的这些天文仪器的优越性及其对于正常开展天文历法工作的重要性与必要性，得到了明代朝廷和天文学家的充分认识与肯定。

王祎在《王忠文集》卷十四《拟元列传二首》中对郭守敬作出了更全面与深刻的评价："自古国家之兴，相与巩丕基、宏大业者，固资庞臣硕辅之力，而又必有博识特见之君子，通天人之学而明于术数事功者出其间，以致夫弥纶之用，然后一代之治可得而成焉。观乎世祖之世，若刘秉忠、窦默、王恂、郭守敬是已。守敬视诸人虽稍后，其尤称宏博而杰特者乎。夫自金宋以来，学者务攻辞章以哗世而取重，鲜有措诸实用者，况乎天象、术数、水利事功之故，当世不讲久矣，而守敬独能任其绝学，精神心术之所及，度越古人远甚，用能成一代之制而示百王之法。元之为国于是继古帝而无愧矣。呜呼！贤才之生，天实使之夫，岂偶然哉！"

明万历年间，邢云路著《古今律历考》，其从中国天文历法与天文仪器发展史的角度对郭守敬作出评论："唐宋以来，其法渐密，至元《授时》乃益亲焉。……郭守敬乃测验周至，改作始精。""自古及今，其推验之术，独此（《授时历》）为密近。""元都燕，其初袭用金旧，而规环不协，难复施行。……守敬尽考其失，创作诸仪……从古仪象测验之精无能出其右者。"这是在对天文历法的研究经历了长期的沉寂后，对《授时历》和郭守敬天文仪器的制作再次作出的正确评价。

明代中后期，对郭守敬及其科学技术工作进行更具体与深入的评说者，莫过于徐光启。《增订徐文定公集》卷四指出："元郭守敬兼综前术，时创新意，……以为终古绝伦。后来学者，谓守此为足，无复措意。……即有志之士，殚力研求，无能出守敬之藩。更一旧法，立一新义，确有原本，确有左验者，则是历象一学，至元而盛，亦自元而衰也。"徐光启给予《授时历》与郭守敬以"度越前代"的崇高历史评价，并对郭守敬及其《授时历》的成功之路、郭守敬的天文历法思想与实践进行了精辟的分析："守敬之法，加胜于前多矣，而谓其至竟无差，亦不能也。如时差等术，盖非一人一世之聪明所能揣测，必因千百年之积候，而后智者会通立法，若前无绪业，即守敬不能骤得之，况诸臣乎。人虽上智，于未传之法，岂能自知？有而后尽心焉可矣。""守敬之法，三百年来，世共归推，以为度越前代，何也？高远无穷之事，必积时累世乃稍见其端倪。……守敬集前古之大成，加以精思广测，故所差仅四五刻（指交食），比于前代洵为密矣。若使守敬复生，今世欲更求精密，计非苦心极力，假以数年，恐未易得。"这都是在说，要像郭守敬一样继承前人已有的观测成果，进而进行研究与创新，把历法提高到超过前人的新水平。

对于郭守敬的水利工作，徐光启也有中肯而独到的评说："亡不资算术为用者，独水学久废，即有嵩门名家，代不一二人，亦绝不闻以句股从事。仅见《元史》

载守敬受学于刘秉忠,精算术、水利,巧思绝人。世祖召见,而陈水利六事,又陈水利十有一事;又尝以海面较京师至汴梁,定其地形高下之差;又自孟门而东,循黄河故道,纵广数百里间,各为测量平地,或可以分杀河势,或可以灌溉田土,且有图志。如若思(郭守敬)者,可谓博大精深,继神禹之绝学者矣,胜国略信用之。若通惠、会通诸役,仅十之一二,后其书不复传,实可惜也。至乃溯其为法,不过句股测量,变而通之,故在人耳。……有绍命郭氏之业者,必能佐平成之功。"徐光启在赞叹郭守敬水利工作任务繁重的同时,指出郭守敬的水利之学是以测量学与数学为基础的,即实地测量与定量计算是郭守敬水利工作成就卓著的根本保证,是其学识博大精深的体现。

明末耶稣会士对郭守敬制作的简仪等天文仪器也有很高的评价。1595年,耶稣会士利玛窦曾经造访鸡鸣山观象台,看到那些仪器不禁赞叹道:"铸以青铜,制作精美,装饰华丽,其宏伟雅致非欧洲所能匹敌。"1622年来华的德国耶稣会士汤若望,在获悉郭守敬在天文历法领域,特别是在天文仪器方面所取得的巨大成就后,称赞郭守敬是"中国的第谷"。

三、清代有关郭守敬科学工作的评述

清世祖顺治帝于1645年开始颁行《时宪历》，但他对中国传统的若干著名历法怀有深深的敬意："若夫汉之《太初》，唐之《大衍》，元之《授时》，俱号近天，元历尤为精密。"此中，他对《授时历》的评价最高。

明末清初思想家黄宗羲著有《授时历故》和《授时假如》：前者主要对《授时历》的法理进行阐释，后者则通过实例来具体介绍《授时历》的算法。邢云路的《古今律历考》对《授时历》的整理与研究对黄宗羲产生了较大的影响，在此基础上，黄宗羲又进行了大量的研究，发表了许多新成果。

黄宗羲通过大量测算，对弧矢割圆术在《授时历》黄赤道坐标变换算法和黄白交周算法中的应用进行了深入剖析，同时也初步研究了平立定三差法。他在《大统历法辨》和《大统历推法》中辩证了《大统历》（尤其是其中的交食法）中的错误，并对《大统历》中若干推算方法进行了深入研究。黄宗羲通过创新性的工作，使这些算法和表格得到了更为合理的运用。这些创新的工作对于继承和发扬郭守敬的贡献有着巨大的推动作用，也为后人提供了许多宝贵的经验和启示。

明末清初的历算学家王锡阐对郭守敬及《授时历》也给予很高评价，尤其是针对废弃上元积年法与日法之举，他指出："郭守敬始悉去其弊而求之测景，渐近自然"，这触及了郭守敬天文历法思想的精髓。

清初天文学家梅文鼎高度评价了元代《授时历》的科学成就，认为这部历法集中国古代历法之大成，在继承前人成果的基础上实现了重大创新。他特别赞赏《授时历》废除传统的上元积年法，转而采用以实测数据为基础的历元设定，使历法精度大幅提升。梅文鼎认为，要真正理解《授时历》的精妙之处，必须研究其与《西征庚午元历》《统天历》等前代历法的传承关系，这些历法在五星推算、岁差计算等方面为《授时历》奠定了基础。正是这种既尊重传统又勇于创新的科学态度，使《授时历》成为西方历法传入前中国最精确的历法体系。

梅文鼎对郭守敬创制的天文仪器同样推崇备至，他在《璇玑玉衡赋》中详细描述了这些仪器的精妙设计：四丈高表配合景符的使用极大提高了日影测量精度，简仪采用双线代替传统窥管的创新设计使观测更加便捷精准，仰仪等仪器的独特构造则解决了极星观测等难题。梅文鼎特别强调，这些仪器既吸收了中国传统天文仪器的优点，又进行了创造性的改进，体现了"酌古准今"的科学精神。他对简仪的高度评价尤其具有代表性，认为其是天文仪器发展史上的重要突破。

清中期的经学家阮元在《畴人传》中对郭守敬的评价是："推步之要，测与算二者而已。简仪、仰仪、景符、窥几之制，前此言测候者未之及也。垛垒招差、句股弧矢之法，前此言算造者弗能用也。"这是对郭守敬天文历法工作以及《授时历》的经典评述。

阮元等人面对中国传统的天文历法之学已经落后于西方近代天文学的现实，期望人们不忘郭守敬等先贤勇于改革创新的精神，更期望"世有郭守敬其人，诚能遍通古今推步之法，亲验七政运行之故，精益求精，期于至当，则其造诣当必出于西人之上者"。他们相信只要像郭守敬当年那样，善于借鉴古今已有天文历法之学的成果，精心观测与研究日月五星运动的规律，就必然能赶超西方天文学的水平。可见，在他们的心目中，郭守敬的创新精神、学习态度、钻研及实践精神是何等可贵。

清代中后期，西方学者对郭守敬及其科学技术工作也作出了若干评价。1739年，法国耶稣会士宋君荣认为，郭守敬实际上采用西法，并以折中方式，尽可能地保留了中国天文历法中的各项要素，最后完成了中国的天文历书。应该说，宋君荣对郭守敬和《授时历》的评价是相当高的。可惜，他未能摆脱当初利玛窦所怀有的西方科技文化的优越性与对中国科技文化的偏见，陷入了欧洲文化中心论。

英国天文学家德瑞耶于1881年指出："这里有两个值得注意的证例，说明中国人的伟大发明往往早于西方的成就若干世纪。我们在这里可以看到，中国在13世纪时已有第谷式赤道浑仪，更惊人的是，他们还有同第谷用以观测1585年的彗星以及观测恒星和行星的大赤道浑仪相似的仪器。"这里所说的"第谷式赤道浑仪"是指中国传统的浑仪，它出现在13世纪以前，德瑞耶并不知晓；而所谓"大赤道浑仪相似的仪器"即指简仪，它被誉为"中国人的伟大发明"之一，这实是对郭守敬创制简仪历史重要性的中肯评价。

四、名人名家对郭守敬科学工作的评述

梁启超作为近代著名的思想家、教育家，对郭守敬的成就给予了高度评价。他认为，郭守敬不仅是中国古代科学的骄傲，他的思想更是人类智慧的瑰宝。他通过精确的天文观测和严谨的数学计算，修订《授时历》，这一成就不仅在当时领先世界，更为后世的天文学研究奠定了坚实的基础。

鲁迅先生在谈到中国古代科学家时，也多次提及郭守敬。他称赞郭守敬是一位真正的实践者，他的每一项成就都源自对科学的热爱和对实践的执着追求。鲁迅认为，郭守敬的精神是近代科学工作者应该学习和传承的宝贵财富。

中国科学院院士、中国科学院自然科学史研究所原所长席泽宗在《纪念元代杰出科学家郭守敬诞辰755周年学术讨论会论文集》序言中评价说，郭守敬在天文学上的成就名扬四海，他在水利方面的贡献不仅对当时的农业生产和南粮北运起到重要作用，就是在今天也还在惠及百姓。宋元时期是我国古典科学发展的高峰，他是这个高峰时期的一颗辉煌灿烂的明星。

钱宝琮在《中国数学史》中，对郭守敬的数学成就给予了充分的肯定。他认为，郭守敬不仅是一位在天文、水利领域有着卓越贡献的科学家，更是一位在数学领域有着深厚造诣的数学家。郭守敬在数学方面的创新，如"招差术"和"弧矢割圆术"等，不仅在当时具有开创性，而且对后世的数学研究产生了深远的影响。

第二节　郭守敬取得的成就对中国古代科技发展的推动

一、天文学

郭守敬在天文学方面取得了卓越的成就，他编制的《授时历》是当时世界上最精确的历法之一，其精度超过了同时期欧洲的历法。这一成就不仅提高了中国古代天文学的水平，也为后来的天文学研究提供了重要的参考。同时，郭守敬还发明了多种天文仪器，如简仪、仰仪等，这些仪器的制造和使用也为明清时期的天文学研究提供了重要的技术支持。

二、数学

郭守敬在数学方面也有很多创新，如"招差术"和"弧矢割圆术"等。这些数学方法在当时具有很高的实用价值，也为后来的数学研究提供了新的思路和方法。同时，郭守敬还将数学知识运用到天文学和水利工程中，提高了这些领域的精度和效率。

三、水利工程

郭守敬在水利工程方面也取得了重要的成就，他主持修建了多条水利工程，如大都运粮河、通惠河等，这些工程为当时的农业和手工业生产提供了重要的水资源和水利运输条件。同时，郭守敬还提出了"水学"的概念，将水利工程与科学技术相结合，为水利事业的发展作出了重要贡献。

四、实践精神和创新精神

郭守敬注重实践、注重观察、注重推理，这种科学思想和科学精神对中国古代科技发展产生了深远的影响。他的实践精神和创新精神激励了后来的学者们在科学研究中注重实践和创新,推动了中国古代科技的发展。

第三节 郭守敬取得的成就对世界科技发展的影响与贡献

一、促进世界对中国古代科学的了解和研究

郭守敬的科技成就彰显了中国古代科学的先进性与独特性,极大地促进了世界各国对中国古代科学的关注与探究。他主持编撰的《授时历》不仅在中国得到广泛应用,还引起了海外学者的浓厚兴趣。元朝统治者曾将新编的《授时历》赠予高丽王朝,开启了高丽王朝对中国古代科学,尤其是《授时历》的认知。

陈美东在《郭守敬评传》中写道,13世纪末至14世纪初,高丽王派遣王源前往大都(今北京),王源在太史院深刻体会到《授时历》的先进性,萌生了在高丽推广此历法的念头。他果断决定,出资派遣崔诚之前往太史院深造，学习《授时历》的精髓与计算技巧，崔诚之也因此成为首位涉足这一领域的外国学者。王源后来继位成为高丽忠宣王，随即在国内推行《授时历》。然而，《授时历》在高丽的推广并非一帆风顺。崔诚之虽带回了历法，但对日月交食和五星运行等方面的具体术数并未完全掌握，高丽天文学家在初期主要进行日历安排的工作，对于更复杂的天文现象仍需继续学习研究。

与此同时，日本的天文学家和数学家对《授时历》也表现出了极大的热情。江户时代，日本涌现出多部研究《授时历》的著作，如建部贤弘的《授时历解义》、中根元圭的《授时历经俗解》以及高桥至时的《授时历交食法》等，这些作品均体现了日本学者对《授时历》的深入理解。据统计，江户时代日本研究《授时历》的著作至少达到18种，充分证明了《授时历》在日本学术界的影响力和研究价值。

二、启发世界天文学者的科学思想

郭守敬注重实践、注重观察、注重推理的科学思想和科学精神，对欧洲学者的科学思想产生了影响。

欧洲学者在研究郭守敬科技成就的过程中，逐渐认识到实践和创新的重要性，开始注重实验和观测，推动了欧洲科学技术的发展。同时，郭守敬的数学思维和计算方法也对欧洲数学的发展产生了影响，欧洲的科学家们更加注重数据和事实。

在朝鲜王朝的世宗时期，天文学家通过仿制郭守敬十几件天文仪器，并充分消化吸收、融会贯通，还进行了创新之作。朝鲜王朝的天文学家在制成上述诸多天文仪器后，还专门建立了天文台以安置这些天文仪器，并开展了相应的天文观测工作。在天文台中，安置有简仪、正方案、圭表与景符、浑仪、浑象等天文仪器，其规模与建制大都仿效元代的太史院。

三、郭守敬科技成就对欧洲科学革命的影响

郭守敬的科技成就主要集中在天文学、数学和水利工程等领域，这些成就与欧洲科技革命所关注的领域（如物理学、化学、生物学以及工业技术等）并不完全重合。因此，从直接的技术转移或创新推动的角

度来看，郭守敬的科技成就对欧洲科技革命的影响是有限的。

然而，从更广泛的文化交流和科学思想传播的角度来看，郭守敬的科技成就可能在一定程度上启发了欧洲科学家。例如，郭守敬在天文观测方面的精确性和系统性，以及对科学仪器的创新和改进，可能激发了欧洲科学家对精确观测和实验方法的重视。这种对科学方法的追求，正是欧洲科技革命中不可或缺的一部分。

此外，郭守敬的科技成就也展示了中国古代科学家的智慧和才华，为欧洲科学家提供了一个了解中国科学文化的窗口。这种跨文化的交流和理解，有助于拓宽欧洲科学家的视野，促进科学思想的碰撞与融合。

附 录

郭守敬大事记

1231年　郭守敬生于邢州(现邢台市信都区)

1251年　刘秉忠介绍郭守敬给自己的同事张文谦

1260年　郭守敬随张文谦赴任大名路宣抚司长官

1262年　郭守敬经张文谦举荐,向忽必烈面陈水利六事

1263年　郭守敬升任副河渠使

1264年　郭守敬受命修浚西夏诸古渠

1265年　郭守敬升任督水少监

1276年　郭守敬任工部郎中,为完成新历修订,提出了"历之本在于测验,而测验之器莫先仪表"的主张

1279年　郭守敬任同知太史院事，同年开展著名的"四海测验"

1280年　《授时历》宣告完成

1286年　郭守敬升任太史令

1291年　郭守敬受命都水监一职

1292年　郭守敬开辟白浮堰，修凿通惠河

1294年　郭守敬任昭文馆大学士，兼知太史院事

1316年　郭守敬去世，享年86岁